인류의 새문화 원전 『道典』 강독

천지성공

하늘땅과 함께하는 성공

KB210173

 _____ 님께 드립니다.

인류의 새 문화 원전 『도전道典』 강독

천지성공

지은이·안경전
발행일·단기 4355(2022)년 6월 24일 개정판 172쇄(중요 표시본)
발행인·안경전
발행처·상생출판
주　소·대전광역시 중구 선화서로 29번길 36(선화동)
전　화·070-8644-3156, 팩시밀리 0303-0799-1735
홈페이지 http://www.sangsaengbooks.co.kr
출판등록 2005년 3월 11일(제175호)
ISBN 979-11-86122-11-2
Copyright ⓒ 2022 상생출판

인류의 새문화 원전 『道典』강독

천지성공

하늘땅과 함께하는 성공

안 경 전 지음

상생출판

개정판 들어가는 말

　새해가 되면 사람들은 항상 희망을 갖고 벅찬 미래를 꿈꿉니다. 그러나 2020년 초에는 이 꿈들이 산산이 깨지고 어둠의 그림자가 전 세계를 덮었습니다. 중국에서 2019년 발생한 코로나19로 한국과 세계가 실의에 빠졌습니다. 누구나 행복을 꿈꾸지만 나의 의지와 무관하게 한 가정의 행복이 깨지고, 국가가 혼란에 빠졌고, 전 세계가 큰 혼란을 겪었습니다. 코로나 병란病亂은 경제, 사회, 문화 등 삶의 전 영역을 송두리째 바꿔버렸습니다. 그런데 코로나19 사태는 이제 병란의 서막일 뿐입니다. 전문가들은 앞으로 더 큰 병란이 언제든 닥칠 수 있다고 경고합니다.

　과학은 발달하고 문명은 첨단을 달리지만, 지진과 홍수, 화재, 괴질 등은 더 빈발하고 있습니다. 이러한 재난은 나의 행복을 빼앗고 성공을 가로막고 한순간에 모든 것을 앗아갑니다. 왜 지금 지구촌에 이와 같은 재앙이 속출하는 것일까요?

　필자는 본서 초판에서, 지구촌에 일어나고 있는 모든 변혁의 실체를 밝히며, 지구촌 형제들이 이 변혁을 극복할 수 있는 진정한 성공 이야기를 전했습니다.

　가을개벽은 피할 수 없는 대자연의 섭리로 오는 것입니다. 새 문명, 새 세상의 태동을 향해 나아가는 가을의 문턱에서,

진정한 성공을 위해 인간이 꼭 알아야 할 진리의 주제가 바로 천지의 신비와 이법과 목적입니다.

천지는 그 어느 때보다 무서운 속도로 강력해진 대변혁의 징후를 보여 주고 있습니다. 이에 개정판에서는 인간이라면 누구나 꿈꾸는 인생의 궁극 목적인 천지성공을 성취하는 길, 즉 가을개벽을 슬기롭게 극복하고 하늘땅과 더불어 거듭나 신천지 이상낙원을 건설하는 주역이 되기까지의 전 과정을, 좀 더 알기 쉽고 섬세하게 보충, 정리하였습니다.

이제는 다가오는 변혁을 외면하지 말고 성성하게 깨어 있는 마음으로 자신에게 이렇게 물어보기를 권하고 싶습니다.

"나는 진정 새롭게 태어나는 천지와 더불어 가을개벽을 맞이할 준비가 되어 있는가?"

하루속히 새 생명을 갈구하는 독자들이 참 진리를 만나, 진정한 천지성공의 꿈을 이룰 수 있기를 다시 한 번 축원합니다.

경인庚寅(2010)년 3월

安 耕 田

들어가는 말

인생이란 보람과 기쁨으로 '영혼의 만족감'을 느끼는 삶이어야 합니다. 그것이 이뤄지지 않을 때 우리는 불안과 좌절감에 빠지거나 우울증에 걸리기도 합니다. 이것을 보여 주는 충격적인 사태가 2008년의 세계 금융 붕괴 사건입니다.

『배드 머니Bad Money』의 저자 케빈 필립스Kevin Phillips에 의하면, 이 금융 쓰나미는 부富를 비정상적으로 추구한 데서 비롯되었습니다. 미국은 본래 지구촌에 갖가지 생활용품을 공급하는 기지창이었습니다. 그런데 1990년대 이후 무노동 금융 상품에 사람들의 정신이 팔리기 시작하여 최근에는 단기 고수익이라는 꿀단지에 완전히 빠져 버렸습니다. 그로 인해 미국은 물론이고 지구촌 전체의 문명의 축과 경제 틀이 무너져 버렸습니다. 이것은, 땀 흘리지 않고 한탕주의로 축적한 '정직하지 못한 재물'은 천지에서 결코 허용하지 않음을 보여주는 대사건입니다.

지금 하늘이 우리 모두에게 묻고 있습니다. '인간이 추구해야 할 진정한 성공이란 무엇인가?'라고. 그 답이 바로 이 책의 주제, '천지성공'입니다.

이 책에서는 '왜 천지성공이 이 시대의 화두가 되어야 하는가'를 제기하고 있습니다. 천지성공은 온 인류의 생사와 직결된 성공입니다. 모든 사람이 반드시 알아야 하고, 그것을 위해 준비하고 행동해야 하는 성공입니다. 누구도 마음의 문을 열고 두 귀를 기울여야 하는 성공입니다.

　그래서 이 책에서는 인간이 꼭 이루어야 할 천지성공의 정의定義와 목적지에 대해 이야기를 풀어가려고 합니다. 그 깨달음의 이야기를 전해주는 주인공은 바로 인류 역사상 가장 위대한 인물이지만 가장 알려지지 않은 인물, 강증산 상제님입니다. 1871년 동방의 땅 한반도에서 인간으로 탄강하신 강증산 상제님!

　인류가 도전해야 할 진정한 성공에 대한 증산 상제님의 이야기가, 지구촌 통일문명 시대를 여는 '새 문화의 원전'인 『도전道典』에서 무궁무진하게 펼쳐집니다. 이 책은 『도전』 강독 시리즈 제1권으로, 『도전』의 이해를 돕는 안내서입니다. 이 책은 이미 출판되어 세간의 주목을 받은 『개벽 실제상황』과 자매편으로 읽기를 권합니다. 이어서 간행될 제2권 『너희 동방 땅』에서는 인류 문화의 원형原型인 시원 문화와 동방 한민족의 '잃어버린 역사'에 대한 가슴 벅찬 이야기가 펼쳐질 것입니다.

　지금은 천지성공시대!

　오늘을 살아가는 모든 사람이 이 시대의 진정한 성공인으로 거듭나기를 온 마음을 다해 상제님께 축원드립니다.

무자戊子(2008)년 12월

安 耕 田

목 차

본서가 전하는 핵심 메시지를 한눈에 정확히 볼 수 있도록 주요 내용 및 용어, 술어, 자료 등에 아래와 같이 표시를 하였습니다.

- 녹색 박스(긴 문장) : 꼭 읽고 넘어가야 할 내용, 자료, 예화
- 적색 박스(긴 문장) : 특별히 강조하는 핵심이나 주제
- 녹색 박스 인명 또는 인용 자료의 명칭
- 빨간 원 : 주제 언어
- 녹색 밑줄 또는 빨간 밑줄 : 강조하는 내용
- **빨간 영역** : 강조하는 내용 중 핵심 용어, 술어
- 노란 영역/밑줄 : 주요 내용의 본론
- ▮, ✔, ☆ 표 : 핵심 내용 또는 결론

제 **1** 장

우리는 지금
어디로 가고 있는가

2020년 전 세계가 충격과 공포에 휩싸였습니다. 중국 우한에서 발병한 코로나19는 지구촌 삶의 풍경을 송두리째 바꿨습니다. 경제, 교육, 공연, 스포츠 등 많은 것이 한때 일시정지 되기도 했습니다. 누구나 성공을 꿈꾸지만 내 의지와 무관한 전염병 대란으로 많은 사람들이 실의에 빠지고 행복이 무너졌습니다.

언제부터인가 지구촌 곳곳에서 대지진, 폭염, 폭설, 가뭄, 홍수 등 동시 다발적으로 들려오는 더욱 강력해진 자연 재난 소식. 인류는 지금 어디로 가고 있으며, 무엇을 준비해야 그 모든 것을 극복할 수 있을까요?

참된 인생 성공을 꿈꾸는 사람이라면 오늘날 역사의 대세가 어디를 향해 가고 있는지, 그것을 정확히 내다보고 적극적으로 대비해야 하지 않을까요?

이 장의 핵심 주제어

큰 가을, 상생, 증산 상제님, 천지, 천지성공,

천지 부모, 『도전道典』

1

성공하는 인생을 위하여

1. 꿈을 먹고 사는 인간

'꿈이 없는 사람은 생명력이 없는 인형과 같다'는 말이 있습니다. 지위고하를 막론하고, 사람은 누구나 꿈을 성취하기 위해 노력하는 과정에서 성장을 하고 마침내 삶의 최정상에 이르게 됩니다. 꿈은 인생에 행복과 성공을 안겨다 주는 동력원인 것입니다.

독일의 시인 괴테는 이런 말을 했습니다. "이 세상에서 가장 중요한 것은 내가 어디에 서 있느냐가 아니라 어느 방향으로 가고 있느냐이다." 더 나은 미래를 위해 목표를 세우고 그것을 이루기 위해 **노력하는 삶**! 우리 인간에게 이보다 더 소중한 것은 없습니다.

하지만 인생이란 내 소망대로만 되는 것이 아닙니다. 때로 쓰디쓴 실패의 고배를 마시고 방황을 하기도 합니다. 꿈이 좌절되어 행복과 불행이 교차하고 희비가 엇갈릴 때, 우리는 인생의 의미를 다시 한 번 생각해 보게 됩니다.

"사람은 무엇 때문에 사는 것일까?"

"진정한 행복이란 무엇이며, 어떻게 성취할 수 있는 것일까?"

2. 행복과 성공

행복이란 무엇일까요?

일찍이 동양에서는 행복에 대해 "복은 첫째는 수명壽命이요, 둘째는 부富요, 셋째는 평안강녕平安康寧이요, 넷째는 덕德을 좋아함이요, 다섯째는 명命대로 살고 편안히 죽는 것이다"라고 했습니다.(『서경』「홍범洪範」)

그런데 옛 서양 사람들의 행복에 대한 생각은 좀 달랐습니다.

미국의 정신의학자 하워드 커틀러에 따르면 "서양에서는 진정한 행복에 이른다는 것이 무슨 의미인지 잘 이해하지 못했다. 행복을 뜻하는 'happy'라는 단어조차도 '운'이나 '기회'를 뜻하는 아이슬란드의 '햅happ'이라는 단어에서 왔다"고 합니다.*

---

* 『달라이 라마의 행복론』, 달라이 라마·하워드 커틀러 공저, 김영사, 2001.

미국 플로리다 주립대의 대린 맥마흔 교수는 "서양인의 행복의 기준은 시대에 따라 달라져 왔다. 그리스 시대의 행복은 신에 의해 우연히 주어지는 행운과 같은 것이었다. 육체를 중시하는 로마인들에게 행복은 쾌락과 풍요를 뜻했고, 지배층에게 박해받았던 중세 기독교인들에게 행복은 천국에 가서 누리는 기쁨을 뜻했다. 현대에는 행복을 '웰빙well-being'이라 한다. 한마디로 '잘 산다'는 뜻이다"라고 하였습니다.

최근에는 동서양의 경계를 뛰어넘어 많은 사람들이 행복에 이르는 길을 다양하게 제시하고 있습니다. 남을 칭찬하고 배려함으로써, 또는 용서와 감사의 마음을 가짐으로써 행복감이 충만해진다고 합니다. 또 수행자들은 마음을 고요하게 하는 정신 수련을 통해 영적 성숙을 이룸으로써 행복해질 수 있다고 합니다.

이렇게 행복에 이르는 길은 다양하지만, 그 모든 것의 귀결점은 '성공적인 삶', 이 한마디로 요약할 수 있습니다. "인간은 실패하기 위해서가 아니라 성공하기 위해서 태어난다"는 말도 있듯이, 사람은 누구나 성공을 꿈꿉니다. 성공은 인간의 삶을 최상의 행복으로 끌어올리는 지렛대인 것입니다.

그렇다면 인생에서 진정한 성공의 기준은 무엇일까요?

부富일까요? 권력일까요? 명예일까요?

세상에서는 흔히 성공한 사람을 두고 '출세를 했다'고 합니다. 명예나 권력으로 세상에 이름을 드러냈다는 뜻입니다. 하지만 이런 세속적인 성공은 언제든지 무너질 수 있습니다. 지금 죄수를 수용하는 감옥은 역설적이게도 소위 출세했다는 사람들로 만원입니다. 세상에서 말하는 성공이란 '인생무상'이라는 말과 같이 허망한 것인지도 모릅니다.

그렇다면 인간에게 '진정한 성공'은 없는 것일까요? 그렇지 않습니다. 모든 일시적이고 불완전한 성공을 뛰어넘는 영원한 성공, 결코 무너지지 않는 성공이 있습니다.

인생에서 완전한 행복을 추구하기 위해 무엇보다 중요한 것은 세속의 성공에 집착하거나 안주하지 않는 진취적인 삶의 자세입니다. "높이 나는 새가 멀리 본다"는 말처럼, 무너지지 않는 성공을 향한 보다 큰 날갯짓이 필요합니다.

2
우리는 어느 때에 살고 있는가

1. 생명의 어머니, 지구가 암에 걸렸다

이제, 필자는 인생의 행복과 성공에 대한 완전히 '새로운 이야기New Story'*를 시작하려 합니다.

물론 세상에는 이미 행복과 성공에 도달하는 다양한 방법이 소개되어 있습니다. 하지만 거기에는 '지금 인류가 처해 있는 상황'과 '인간이 몸담고 살아가는 대자연의 변혁 문제'에 대한 가르침이 없습니다. 그 때문에 사람들을 잘못 인도하는 면이 있습니다.

그래서 행복과 성공에 이르는 새 이야기를 하기에 앞서 우리가 어떤 시대에 살고 있는지, 인류가 처한 상황이 어떠한지, 세 가지 측면에서 간단히 살펴보겠습니다.

---

* "우리는 두 이야기 사이에 있다. '옛 이야기Old Story'는 이 세계가 어떻게 이루어졌으며 우리가 그 속에서 어떻게 살아왔는지를 설명해 준다. 그러나 이제 더 이상은 효력이 없다. 그럼에도 우리는 아직 멋진 '새 이야기New Story'를 찾지 못했다." (『The Cultural Creatives』)

첫째, 가장 심각한 문제는 최근에 들어서서 더욱 강력하고 빈번해진 자연 대재앙입니다. 우리가 살고 있는 지구가 긴박한 생사의 기로에 서 있습니다.

지구는 지금 비상사태입니다. 유럽의회는 2019년 11월 전 세계를 대상으로 '기후비상사태'를 선언했습니다. 영국 옥스퍼드 사전은 2019년 '기후 비상사태climate emergency'를 올해의 단어로 선정했습니다.

기후 변화의 가장 큰 요인은 지구 온난화입니다. 지금은 온난화보다 지구 가열Global Heating 이라는 말이 더 어

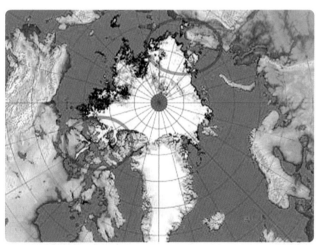

2008년, 12만5천 년 만에 처음으로 북극의 북서항로와 북동항로가 동시에 열려, 북극은 사상 처음으로 섬이 되었다. 학자들은 '**수년 내에 북빙하가 완전히 소멸될 것**'으로 예측하고 있다.

울릴 정도로 극단적인 기후 변화가 일어나고 있습니다. 온난화를 가장 뚜렷하게 감지할 수 있는 것이 남북극의 해빙 현상입니다. 북극은 세계 평균에 비해 2배 이상 빠른 속도로 온난화가 진행되고 있고, 남극은 2020년에 사상 처음으로 영상 20도를 넘었습니다. 지구 온도는 지표 온도, 해양 온도 할 것 없이 관측 이래 최고 기록을 경신하고 있으며, 강수량, 폭설 등 기상 기록이 다 깨지고 있습니다.

최근 몇 해 동안 그리스, 미국, 호주 등지에서는 유례없는 강력한 산불이 계속하여 발생하고, 극심한 가뭄과 폭염, 폭설, 폭우 등 지구촌의 기후 재앙이 말할 수 없이 참혹해지고 있습니다. 폴 크루그먼의 말처럼 '대재앙이 뉴노멀new normal로 자리 잡은 세계'에 살고 있습니다.

지구는 불타고 있습니다. 온난화는 현실입니다. 인류를 위협하는 기후 변화를 극복하기 위해 할 수 있는 모든 것을 해야 할 때입니다. 우리가 지금 행동하지 않으면 그 결과는 우리의 자녀, 손자 세대가 겪게 됩니다.

손 쓸 수 없는 대격변으로 이어질 임계점tipping point에 가까워졌습니다. 10여 년 전, 지구환경 전문가인 팀 플래너리는 "지구온난화로 인한 기후 변화가 '티핑 포인트(균형이 무너지는 시점)'에 임박해 있으며, 그로 인해 인류는 오

❶2020년 중국 남부 대홍수 ❷2011년 동일본대지진 ❸코로나19 초기 마스크 줄서기(한국) ❹기후변화 저지 대규모 시위

로지 살아남기 위해 몸부림치게 될지도 모른다"라고 경고하였습니다. 그런데 이제는 지구가 이미 임계점을 넘었다는 과학자들의 주장까지 나오고 있습니다.

불의 재앙 또한 매우 위험한 수위로 떠오르고 있습니다. 환태평양 조산대, 이른바 '불의 고리ring of fire'에 분포하고 있는 450여 개 화산의 활동이 활발해지고 있고, 강력한 지진이 빈번하게 발생하고 있습니다.

이러한 자연환경 속에서 과연 인류의 미래는 어디로 나아가고 있는 것일까요?

둘째, 자본주의 위기와 현대 문명의 재탄생 문제입니다.

3백여 년에 걸친 근현대사를 통해, 자본주의 문명은 인간의 수명 연장, 난치병 치료, 문맹 퇴치 등 인류의 삶의 질을 개선시키는 데 크게 기여해 왔습니다. 하지만 무한 팽창을 지향하는 자본주의는 인간을 지구의 모든 것을 지배하고 이용하려는 탐욕의 동물로 만들었습니다.

갖가지 환경오염으로 생태계가 병들어 가는 것도, 부익부 빈익빈이 갈수록 극한으로 치닫는 것도 모두 인간의 탐욕이 초래한 결과입니다.

그 재앙의 극치가 바로 2008년 지구촌 경제의 중심인 미국에서 발생한 서브프라임 모기지(비우량 주택담보대출) 사태와 이로부터 시작된 금융 쓰나미입니다.

당시 경제 전문가들은 미국의 금융 시스템을 '심장마비 상태'로 표현했습니다. 미국 발 금융위기가 전 세계로 확산되자 각국은 위기 타개책을 강구했습니다. '양적완화Quantitive Easing'라는 극약 처방으로 사태가 잠시 개선되는 듯 했으나 문제의 본질인 거품경제는 오히려 더 커지고 있습니다. 산소호흡기를 달고 겨우 수명을 연장하고 있는 상태라 할 수 있습니다.

예일대의 폴 케네디 교수는 벌써 20여 년 전에 "미국은 이미 파산했으며 이제는 로마제국처럼 망하는 길만 남았다. 다만 어떻게 품위 있게 망하느냐만 남은 것이다"라고 주장했습니다.

도대체 왜 현대 문명의 위대한 도약이 버블(거품) 붕괴로 깨지고 마는 것일까요?

그것은 인간의 한없는 욕망, 그리고 성실성과 진실성을 잃어버린 부의 추구방식 때문입니다. 한탕주의가 만연하여 약삭빠르고 재주 있는 자들이 제 호주머니 불리는 것에만 급급한 결과입니다. 땀 흘리지 않고 쌓아 올린 부귀는 하늘에서 결코 인정하지 않는 법입니다.

자본주의의 가장 큰 병폐인 소수에게 부와 권력이 집중되는 현상도 심화되고 있습니다. '1대 99 사회'라는 말이 있습니다. 최상위 1%가 부와 권력을 독점하고, 나머지 99%는 상대적 박탈감과 빈곤에 시달리고 있음을 일컫는

대공황과 최근 금융위기 비교

	대공황	최근 금융위기
1차	주가대폭락 후 미국내 은행들 도산(1929년 10월)	미국 리먼 브라더스 파산 (2008년 9월)
2차	유럽 은행들 도산 (1931년 5월)	동유럽 구제 금융(2009년 2월) 두바이 채무 불이행 (2009년 11월)
3차	미국 신용경색 사태 재발 (1933년 1월)	남유럽 국가 재정 위기 (2010년 1월)

(경향신문 2010. 2. 8.)

말입니다. 최강국인 미국 역시 소득 상위 0.1%가 전체 인구 90%와 맞먹는 부를 독점하고 있습니다.

영화 〈기생충〉이 한국영화로는 최초로 아카데미 작품상을 수상하고 세계 유명 영화제에서 여러 종류의 상을 휩쓸었습니다. 그 이유가 무엇일까요? 극단으로 치닫고 있는 양극화, 즉 빈부 격차로 인한 빈익빈 부익부 현상, 부유층과 서민층 간의 사회 갈등 등 자본주의의 본질 문제를 다뤄 전 세계인의 공감을 얻었기 때문일 것입니다.

그런데 지금 인류에게 닥친 문명의 위기는 이러한 경제 문제뿐만이 아닙니다. 인간 생존의 필수 요소인 물 부족도 심각합니다. 2017년 세계 물 보호단체 '워터 에이드Water Aid'의 보고서에 따르면 전 세계 6억6천3백만 명이 깨끗한 물을 공급받지 못하고 살고 있습니다. 물 부족은 장차 '물 부도water bankruptcy 사태'로까지 심화될 수 있으며, 미래의 전쟁은 물 전쟁이 될 것이라고도 합니다.

식량난 또한 매우 심각합니다. 물 부족으로 지구촌 곡물 생산이 감소한 데다가 바이오 연료를 생산하는 데 곡물을 사용함에 따라 '새로운 기아飢餓 시대A New Era of Hunger'가 도래하고 있다는 것입니다.

식량 자급률이 턱없이 낮은 한국과 일본 같은 국가는 머지않아 생존의 기로에 서게 될지도 모릅니다.

(셋째) **전염병과 전쟁의 위협**입니다.

인류는 의학의 발달로 많은 난치병을 정복하였지만, 여전히 무서운 질병의 위협 속에 살고 있습니다.

1976년에 치사율이 90%가 넘는 (에볼라) 바이러스가 출현하였는가 하면 1981년에는 (에이즈)가 발생하였습니다. 에이즈로 2,500만 명이 사망하였으며 현재 감염자가 3천만 명이 넘습니다.

그리고 조류 사이에 감염되는 급성 전염병인 (조류독감)은 사람에게 감염되는 고병원성으로 변이되고 있습니다. 2009년 4월, 멕시코에서 (신종플루(돼지독감))가 확산되어 무서운 속도로 지구촌을 휩쓸었습니다. 지구촌 인류에게 바이러스의 변종이 얼마나 위협적인지를 각성케 한 대사건이었습니다. 당시 의학 전문가들은 이후 더욱 강력한 바이러스 변종이 반드시 출현한다고 경고했습니다.

그로부터 10년 후, 2019년 겨울에 중국 우한에서 신종 (코로나)바이러스감염증-19(COVID-19)가 발병하여 2020년 벽두부터 전 세계를 강타했습니다. 걷잡을 수 없이 지구촌을 공포로 몰아넣은 팬데믹 사태로 사람들의 일상이 무너지고 모든 것이 멈춰버렸습니다.

이렇듯 전 세계로 확산되는 전염병의 위협은 참으로 두려운 것입니다. 더구나 전염병이 세계대전이나 경제 위기와 맞물려 동시에 발생한다면, 이는 정말 가공할 결과를 초래할 것입니다.

인도 출신 경제학자 라비 바트라는 이렇게 경고했습니다. "자본주의 시스템이 붕괴하는 시대, 대공황이 세계를 엄습하는 시대에는 전혀 예상치 못한 장소에서 예기치 못한 원인으로 대전쟁이 일어날 가능성이 충분히 있다." 우리는 이 경고를 결코 가벼이 넘길 수 없습니다. 실제로 1929년에 시작되었던 경제 대공황은 미국을 비롯한 세계 각국의 보호무역주의를 불러 왔고, 이는 결국 2차 세계대전으로 이어졌습니다.

전염병과 전쟁의 위협은 결코 지나간 과거의 이야기가 아닙니다. 예전에도 있었고 지금도 있고 앞으로도 일어날 문제입니다. 이 병든 지구와 병든 문명은 인류를 어디로 몰고 가는 것일까요?

2. 지금은 문명의 대전환점

자연과 문명이 보여 주는 모든 현상을 종합해서 볼 때, 우리는 지금 그 어느 때보다도 희망과 절망이 교차하는 대전환기를 살고 있습니다. 지난날 그 어느 시대에도 위기는 있었습니다. 하지만 오늘날 인류가 직면한 문제들은 한 세기 전 또는 한 세대 전에 겪었던 바와는 그 영향력의 강도가 전혀 다릅니다. 지금은 세계화, 정보화로 지구촌이 좁아져서 한 나라, 한 기업의 위기가 다른 나라, 다른 기업에 즉각적이고도 직접적인 영향을 미치기 때문입니다.

그러나 위기는 곧 새로운 기회입니다. '물극즉반物極則反'(『할관자鶡冠子』)이라는 말과 같이, 만물은 성장의 끝에 이르면 반드시 제자리로 되돌아갑니다. 어둠이 가면 밝음이 오고, 끝이 있으면 다시 시작이 있습니다. 아무리 어둠과 무질서, 혼란과 불안이 가중되더라도 천지 역사에 종말이란 결코 없습니다.

요사이 문명 비평가나 미래학자들 중에도 인류의 미래에 대해 희망적인 메시지를 전하는 이들이 있습니다. 유엔 미래포럼 회장 제롬 글렌은 "장차 세계는 국경의 구분이 무의미해진 지구공화국이라는 하나의 국가로 탄생한다"고 했습니다. 이 세계가 '한 문화권의 한 가족'이 되는 멋진 세상이 열린다는 것입니다. 또 '자본주의 붕괴 후 21세기에는 새로운 황금시대가 도래한다'고 말하는 사람도 있습니다.

옛말에 '군자무본君子務本'(『논어』), 즉 '군자는 근본에 힘쓴다'라는 말이 있습니다. 이 말과 같이 인류가 직면한 위기 상황을 극복하기 위해서는 그 본질을 들여다보아야 합니다. 이러한 안목으로 세상을 보면, '우리는 지금 지구 촌에 새로운 문명이 탄생하려고 하는 거대한 변혁 속에 ☆ 서 있구나' 하는 것을 느낄 수 있습니다. 바로 이것이 중 요합니다.

다가오는 변혁은 인류 문명사 차원에 그치는 것이 아닙 니다. 인간이 몸담고 살고 있는 하늘과 땅이 새로 태어나는 우주사적 차원의 변혁입니다. 한마디로 우리는 지금 역 사의 대전환점에 서 있는 것입니다!

우리가 진정한 행복과 성공을 성취할 수 있는 가능성은 여기서부터 시작됩니다.

3
상생의 도로써 밝아오는 인류의 미래

1. 새 이야기의 주인공은 누구인가

앞서 이야기한 것처럼 지구촌은 가장 큰 위기에 직면해 있지만, 기성 종교나 철학에서는 그 근본 원인과 해결책을 올바로 제시하지 못하고 있습니다.

멈추지 않는 전차처럼 이윤만을 추구해 온 인간의 욕망으로 인해 자연은 점점 파괴되었고, 인간성은 더욱 사나워졌으며, 전쟁이 또 다른 전쟁을 낳는 악순환이 거듭되어 이제는 그 극점에 도달하였습니다. 만일 여기서 더 나아간다면 모두가 파멸할 수밖에 없는 상황에 이를 것입니다.

그러나 다행히도 우리에게는 희망이 남아 있습니다. '새 자연, 새 인간, 새 문명의 탄생'이라는 위대한 비전이 있기 때문입니다.

지금은 우리 모두 자연과 문명을 총체적으로 바꾸는 새로운 이야기에 귀를 기울여야 할 때입니다. 지난날 그 어떤 성자와 철인도 전혀 언급하지 못한 새로운 이야기 말입니다. 바로 그 새 이야기의 주인공이 이미 우리 곁에 오셨습니다. ☆

"어제는 역사이고, 내일은 미스터리이며, 오늘은 선물이다Yesterday is history, Tomorrow is a mystery, Today is a gift."라는 말이 있습니다. 오지 않은 내일은 누구도 알 수 없는 신비의 베일에 싸여 있는 것입니다.

그런데 우리 곁에 오신 그분은 알 수 없는 내일을 이미 벌어진 어제의 역사로 만드셨습니다. 앞으로 열리는 완전히 다른 새 세상, 새 문화의 틀을 미리 짜 두셨다는 말입니다. 이것은 인류사에서 전무후무한 일입니다.

하지만 지난 한 세기를 돌아 볼 때, 그분은 동서양 역사에서 가장 감추어진 인물, 가장 연구되지 않은 인물입니다. 그분의 삶과 위대한 새 진리 말씀이 역사 속에 깊이 숨겨져 있을 뿐만 아니라 왜곡되어 있기까지 합니다.

그분은 과연 누구일까요?

바로 19세기 말, 이 동방 한반도 땅에 태어나신 증산甑山 상제님입니다. 강씨 문중으로 오셨기에 강증산 상제님 이라고도 부릅니다. ✔

2. '상생'은 본래 상제님 도의 주제

상제님은 1871년 전라도 고부군 객망리客望里, 즉 '하늘의 주主를 기다리는 마을'에서 탄강하셨습니다.

사람들은 대부분 그분을 모르지만, 그분의 가르침의 주제는 이미 너도나도 이야기를 하고 있습니다. 사람들이 일상 언어로 숱하게 쓰고 있는 상생이 바로 그분이 내려 주신 가르침의 핵심 주제입니다. 정치인, 경제인, 종교가, 예술가 등 각계각층의 사람들이 다 상생을 이야기합니다. 20년 전에 이미 『상생의 신학神學』이라는 책이 나왔고, 포항 앞바다에 불쑥 솟은 손 조형물은 '상생의 손'이라 불립니다.

그런데 상생이 증산 상제님의 위대한 가르침임을 아는 사람은 별로 없습니다. 또한 상생의 뜻을 제대로 알고 쓰는 사람도 없습니다. 그 사람들은 '우리 함께 잘 살자, 그만 싸우고 사이좋게 잘 지내자' 하는 공생共生의 의미 정도로만 알고 있습니다.

하지만 상생은 그것이 아닙니다. 진정한 상생은 '남 잘되게 하는 것', '대자연의 변혁에서 사람을 살리는 것'입니다. 상제님은 일찍이 "나의 도는 상생의 대도이니라"(2:18:1)고 선언하시고, 상생의 실천 방법은 '남 잘되게 하는 공부', '살릴 생 자 공부'라고 하셨습니다.

❧ 우리 일은 남 잘되게 하는 공부니라. (2:29:1)
❧ 나 살고 남 살리는 공부니 사람 잘되기를 바라소.
(11:123:3)

그런데 보다 본질적이고 거시적인 차원에서 상생의 뜻은, 상제님께서 열어 주신 '새 우주의 질서'입니다. 바로 이를 바탕으로 인류가 꿈꾸어 온 상생의 조화 문명이 열립니다. 그 세상에는 인간의 마음도 상생이 근본입니다.

포항 앞바다의 '상생의 손'

인간과 인간의 관계, 국가와 국가의 관계, 인간과 자연의 관계, 인간과 우주의 관계도 모두 상생으로 돌아갑니다.

3. 널리 회자된 상제님의 조화 권능

그렇다면 인류에게 상생의 세상, 상생의 조화 문명을 열어주기 위해 오신 증산 상제님은 어떠한 삶을 사셨을까요?

상제님은 어린 시절부터 만유 생명을 사랑하시어 아무리 하찮은 미물이라도 위기에 빠진 것을 보면 힘써 살리시고 초목을 즐겨 가꾸셨습니다. 또한 일곱 살 때 이미 천지에 대한 깨달음의 시를 쓰셨으며, 어린 나이에도 여러 가지 조화 권능造化權能을 보여 주셨습니다. 그 신이하고 혜명하심이 입에서 입으로 전해져 가시는 곳마다 경애와 칭송을 받으셨습니다. 당시 조선에서 모든 사람들이 가장 만나고 싶어 했던 인물이 바로 증산 상제님이었습니다.

훗날 상제님 도운을 크게 부흥시킨 차경석(1880~1936) 또한 상제님을 뵙고 싶어 했습니다. 차경석은 동학東學 장군 차치구의 아들로서 동학혁명이 실패한 후, 그 당시 신인神人으로 널리 알려진 상제님 뵙기를 학수고대하고 있었습니다. 그러던 어느 날 집안 문제로 전주로 가던 중에, 이미 그의 마음을 빼어 보시고 김제 용암리 주막에서 그를 기다리시던 상제님과 극적으로 만나게 됩니다. 그날 이후 차경석은 놀라운 정성으로 상제님을 따르고 모셨습니다.

상제님께서 천상으로 돌아가신* 뒤 보천교를 조직하여, 불과 10여 년 만에 700만 신도를 모아 교세를 크게 일으킨 차경석 성도는, 동서양 종교 역사상 최고의 부흥가였습니다. 후일, 조선 총독부의 촉탁囑託인 일본인 민속학자 무라야마 지준[村山智順]이 찾아와 강증산이 누구냐고 물었을 때, 차경석 성도는 "강증산은 옥황상제님이시다"라고 대답을 합니다.**

또한 상제님의 명성이 조선 사회에 크게 소용돌이치자, 침략자인 이토 히로부미[伊藤博文]까지도 상제님 만나기를 청했습니다. 이런 그의 속마음을 이미 꿰뚫어보신 상제님께서 어느 날, 김형렬 성도와 함께 통감부를 찾으셨습니다. 그때 상제님의 성령을 받은 김형렬 성도가 이토 히

---

* 상제님 어천절御天節. 음력 1909년 6월 24일

** 무라야마 지준 : "옥황상제와 강증산의 관계는 어떠합니까?" 차경석 : "그 자리가 상제입니다. 생존 시에 '내가 옥황상제다' 하는 말씀도 계셨습니다." (보천교 『교전』)

로부미에게 "네가 조선의 대왕이 되고자 하느냐"라고 꾸짖자, 그는 그만 정신을 잃고 그 자리에서 고꾸라져 버렸습니다.(5:365)

그런가 하면 한국인이 가장 존경하는 인물 가운데 한 분인 김구 선생은 『백범일지』에 '조선에 이인異人이 출현했다'*고 하면서 상제님의 권능에 대한 이야기 한 토막을 기록하였습니다. 당시 상제님이 군산에서 행하신 신이한 행적이 널리 알려져 김구 선생의 자서전에 기록된 것입니다. 이후로 '남조선南朝鮮에 진인이 나타났다'는 소문이 퍼졌는데, 이것은 바로 한민족의 구원 사상인 남조선 사상이 현실화된 것입니다.

이와 같이 상제님의 도권道權과 신권神權은 조선 팔도에서 민중들 사이에 널리 회자되었습니다.

4. 천지병을 선언하신 증산 상제님

어린 시절부터 신동으로 알려지신 상제님은 성년이 되시기까지, 온갖 고뇌와 시련 속에서 세태를 몸소 체험하

---

* 『백범일지』에서 전하는 상제님의 기행이적 : "어디에는 이인異人이 나타나 바다에 떠 다니는 기선汽船을 못 가게 딱 붙여놓고 … "

시면서 인간 구원의 길이 무엇인지를 사무치게 고민하셨습니다. 그리고 마침내 31세 되시던 1901년, 20세기 첫 새벽이 밝아오던 그 해 음력 7월 7일 새벽, 상제님은 대도통문을 활짝 여시고, 석가와 예수를 비롯한 이전의 모든 성자와 사상가들에게서는 들어볼 수 없었던 파격적이고 독창적인 선언을 하셨습니다.

> ☙ 이제 온 천하가 큰 병이 들었느니라. (2:16:1)
> ☙ 내가 하늘과 땅을 뜯어고쳐 무궁한 선경을 열려 하나니…. (3:6:2)

왜 상제님께서는 이렇듯 하늘과 땅을 문제 삼으신 것일까요? '병든 하늘과 땅'이 바로 지금 지구촌에서 벌어지는 모든 위기 문제의 핵심이기 때문입니다.

'천하가 큰 병이 들었다!' 100여 년 전에 증산 상제님이 선포하신 이 한마디 말씀 속에 식량 부족, 생태계 파괴, 환경오염, 기상이변, 자원 고갈 등 현대 문명의 모든 위기 상황이 축약되어 있습니다. '하늘땅이 모두 병들었기 때문에 천지를 뜯어고치지 않을 수 없다'는 이 말씀은 인류가 직면한 모든 문제에 대한 완전히 새로운 진단이요, 처방인 것입니다.

지금은 바로 이런 혁신적인 진리, **'천지의 틀'을 바로잡**는 성숙한 진리가 나와야 하는 때입니다. 현재 인류가 직면한 문제는 '마음을 닦으면 모든 것이 해결된다', '기도로써 성령과 믿음을 얻으면 모든 것을 이룬다'는 식의 인간에 대한 피상적인 통찰만으로는 결코 끌러질 수가 없습니다. **병든 하늘과 땅이 새로 태어나야만, 즉 '천지의 질서'가 총체적으로 바뀌어야만** 오늘의 모든 문제가 근원적으로 해결될 수 있기 때문입니다.

4

'인류의 새 문화 이야기' 원전,

『도전道典』

1. 큰 가을이 닥쳐온다

하늘과 땅은 왜 이렇게 깊이 병든 것일까요?

증산 상제님은 인류에게 닥친 위기 상황을 진단하시고 이제껏 어느 누구도 밝혀 주지 못한, 천하가 병들지 않을 수 없는 '때의 문제'를 말씀해 주셨습니다. 상제님의 가르침이 담긴 『도전』을 보면, 인류가 처한 '지금 이때'에 대한 놀라운 선언을 만나게 됩니다.

❋ 천지대운이 이제야 '큰 가을의 때'를 맞이하였느니라.

(7:38:4)

큰 가을이란 천지의 가을, 우주의 가을을 말합니다. '우주의 가을철이 오고 있다!' 인류 역사상 이 같은 말씀을 한 사람이 없었습니다. 동서양의 어떤 성자나 과학자, 철인 들이 오늘날 인간 사회의 문제와 인류 문명의 난국을 총체적인 안목에서 파악하지 못하는 이유가 바로 **천지의 계절이 바뀐다**는 것을 모르기 때문입니다. 지금 세상에서 일어나는 크고 작은 모든 격변은 사실상 천지의 계절이 여름에서 가을로 바뀜을 알리는 신호탄입니다.

그렇다면 가을은 어떠한 변화가 일어나는 계절일까요? 가을은 모든 생명이 열매를 맺는 때입니다. 그것이 자연의 섭리입니다. 열매는 성숙, 완성을 의미하며 참의 표상입니다. 거짓이 없습니다. 거짓된 생각이나 기운으로는 절대로 열매를 맺을 수가 없습니다.

이제 천지의 가을철을 맞았으니 인간도 열매를 맺어야 합니다. 인간으로서 열매를 맺는 길, 인간이 우주의 참 열매가 되는 그 길은 어디에 있을까요? 바로 자연 섭리와 더불어 성숙한 '**가을의 진리**'를 만나 '**가을철 인간**'으로 거듭나는 데에 있습니다. 이것이 서두에서부터 줄곧 이야기해 온, 무너지지 않는 성공을 이루는 열쇠요, 출발점입니다.

2. 참된 성공은 오직 천지성공

지금은 천지가 가을의 운으로 들어서고 있는 때입니다.

이러한 천지天時에 대해 눈을 뜨지 못하면, 하늘과 땅의 섭리적인 변화를 제대로 알지 못하면, 진정한 성공을 이룰 수 없습니다. 성공과 행복에 대한 강증산 상제님의 말씀을 보십시오.

　❋ 이때는 천지성공 시대니라. 그러므로 이제 만물의 생명이 다 새로워지고 만복萬福이 다시 시작되느니라. (2:43:4,7)

　상제님은 천지의 가을철을 앞둔 이 시대의 진정한 성공을 '천지성공'이라 하시고 천지성공을 이룸으로써만 인간의 모든 행복이 다시 시작된다고 하십니다. 천지성공이란 한마디로 '여름에서 가을로 들어서는 천지와 더불어 이루는 성공'을 말합니다.

　이 '천지' 즉 하늘과 땅은 우리 인간에게 어떤 의미가 있을까요? 천지가 무엇이기에 인간은 꼭 천지와 더불어 성공을 해야만 하는 것일까요?

　천지를 달리 우주라 하는데 우주는 영어로 스페이스space, 유니버스universe, 코스모스cosmos라고 번역이 됩니다. '무한한 공간의 연속', '수천억 개의 별로 이루어진 은하계가 다시 수천억 개 있는 공간', '규칙적인 질서로 움직이는 대자연' 등이 바로 서양 사람들이 생각하는 천지의 모습입니다. 세 가지 표현 모두 물질의 영역을 말하는 것으로, 서양에서는 천지를 '신에 의해 창조된 피조물'로 여깁니다.

그러나 동양에서는 하늘과 땅을 성령적 존재로 인식합니다. '하늘은 생명의 씨와 기운을 내려 주고, 땅은 그것을 받아 인간과 만물을 생성한다'는 것입니다. 천지가 인간 생명의 '큰 부모'라는 말입니다.

그래서 상제님과 태모님께서도 "천지는 억조창생의 부모니라"(2:26:5), "천지 알기를 너희 부모 알듯이 하라"(11:114:1)고 하셨습니다.

또한 천지는 인간과 신들을 포함한 모든 '생명의 근원'이자 만유 생명이 몸담고 살아가는 '큰 집'입니다. 지난 가을, 증산도의 최고 지도자이신 안운산安雲山 태상종도사님께서 낙엽이 깔린 숲 속 길을 산책하던 중에 "인생이란 얼마 살다가 저 대자연 속으로 들어가는 것이여"라고 하신 말씀처럼, 인간은 천지의 품에서 태어나 천지 안에서 살다가 그 품속으로 되돌아갑니다.

한마디로, 천지는 인간 생명의 큰 부모이자 근원이기 때문에, 그 품을 벗어나서는 아무도 참된 성공을 이룰 수가 없습니다. 그래서 상제님이 천지성공을 그토록 강조하시는 것입니다.

그러면 천지와 더불어 성공한다는 것은 구체적으로 무슨 뜻일까요?

우주의 봄철에 하늘땅이 처음 열린 이후, 천지 부모가 인간을 낳아서 여태까지 길러 왔습니다. 그런데 바야흐로 천지가 큰 가을의 때를 맞이하였습니다. 천지 부모가 낳은 인간들이 소년기와 청년기를 지나 성인이 되려고 합니다. 바꿔 말하면 이제 인간이 성숙하여 스스로 천지 부모의 뜻을 헤아리고 받들 때가 된 것입니다. 인간이 직접 천지의 역사를 계획하고 이루어낼 때가 되었다는 말입니다.

☆ '인간이 천지의 가을철을 맞아 직접 천지 부모의 꿈과 이상 세계를 실현하는 것! 그리하여 천지도 성공하고 천지의 자녀인 인간 또한 성공을 하는 것, 이것이 바로 천지성공입니다.

이것은 학문적 업적 달성이나, 부의 축적, 입신양명 같은 이 세상의 모든 성공을 뛰어넘는 궁극의 성공입니다. 이 천지성공이야말로 모든 인간이 그토록 소망하는 '결코 무너지지 않는 성공'인 것입니다.

3. 인류 통일 문화의 대경전, 『도전道典』

증산 상제님이 선언하신, 인류사에서 전무후무한 성공, '천지성공' 이야기를 만날 수 있는 문화의 원전原典이 바로 『도전』입니다.

『도전』에는 인간이 천지 부모의 뜻을 성취하여 천지성공을 이루는 비결과, 온 인류가 갈망해 온 가을우주의 조화선경 낙원을 열 수 있는 청사진이 담겨 있습니다. 또한 『도전』에는 인류에게 꿈과 감성을 열어 주는 새 문화 이야기가 무궁무진하게 들어 있습니다.

1990년대를 넘어서면서 정보산업 사회는 이미 사양길로 들어섰고 감성과 이야기가 주도하는 꿈의 사회, 즉 '드림 소사이어티Dream Society'가 시작되었습니다. 정치, 경제, 종교, 산업 분야만이 아니라 영화, 연극, 음악 공연 같은 예술 분야에 이르기까지 인류 문명의 전 영역에서 사람들은 감성을 자극하는 새 이야깃거리를 찾고 있습니다.

물론 세간에도 인생에 꿈과 지혜와 용기를 심어 주는 이야기가 많이 있습니다. 하지만 지금 인류가 처한 환경에서 그것은 전부 단편적이고 소소한 이야기에 그칠 뿐입니다.

『도전』은 인류로 하여금 드림 소사이어티를 그려 볼 수 있고 실현할 수 있게 하는 새 이야기의 보고寶庫인 것입니다.

4. 『도전』은 참 하나님의 도의 원전

지금까지 동서 문화사에는 수많은 경전이 있었습니다. 그 중에서 유교의 사서오경, 불교의 8만4천 법문, 도교의 도장道藏, 기독교의 신구약, 힌두교

의 베다Veda 등은 잘 알려져 있습니다.

한민족에게도 고유한 경전이 있습니다. 우선, 한민족
경학사經學史의 첫머리를 장식하는 『천부경天符經』(환국 시
대)과 그 후대에 나온 『삼일신고三一神誥』(배달국 시대)와 『참
전계경參佺戒經』(고조선과 고구려 시대)이 있습니다.

그리고 인류 문화의 극적 전환기인 19세기에 한민족의
순수 경전이 또다시 출현하였습니다. 바로 최수운 대신
사가 창도한 동학의 경전인 『동경대전東經大全』과 김일부
대성사의 『정역正易』입니다. 이 두 경전의 결론은 '앞으로
인류에게 병란病亂과 천지의 큰 변동이 닥친다', '이 천지

선	천			경 학
뿌리문화: 신교 시대 (인류 시원 문화)				줄기문화: 동 서 세 계
태고시대	상고시대			중 고
환국	배달	조선	북부여	고구려·백제·신라
천부경 天符經	삼일신고 三一神誥	참전계 參佺戒 (於阿歌)	참전계 參佺戒 (於阿歌)	· 참전계경參佺戒經 고구려 9대 고국천왕(제위179~ 197) 때 을파소가 지음 · 도교 도장道藏 (Taoist Canon) 고구려 영류왕 7년(624) · 불교 불경 (Buddhist Sutra) 고구려 소수림왕 2년(372) 백제 침류왕 1년(384) 신라 법흥왕 14년(572) · 유교 논어, 맹자, 예기, 상서 등 · 기독교 신약(New Testament)
	힌두교 베다경전 (5,500년 전)	유대교 구약 (Old Testament) (3,500년 전)		

의 대변혁에서 인류를 구원하기 위해 하늘의 주님[天主]이신 상제님이 이 땅에 오신다*는 것입니다.

이 한민족의 5대 경전을 포함해서 동서양의 수많은 경전에 담겨 전해 내려오는 지식과 지혜의 결실이 바로 증산도의 『도전』입니다. 『도전』은 인류사의 종교, 철학, 사상의 최종 열매인 증산 상제님의 무극대도를 전하는 경전입니다.

* "십이제국 괴질운수 다시 개벽 아닐런가."(『용담유사』) "무극대도 닦아내니 오만 년지 운수로다."(『용담유사』) "세계세계혜世界世界兮여 상제조림上帝照臨이로다."(『정역』)

史 經 學 史			후천 선경낙원의 『도전道典』문화
문 화 시 대		열매 문화: 지구촌 일가一家의 신천지 가을 문화 시대	
시 대			근 세
대진국/통일신라	고려	조선	대한제국 – 대한민국
		유교 육경六經 서학(천주교) 구약 동학 동경대전 　東經大全 　(1880년) 역학 정역正易 　(1885년)	1871년 상제님 지상 강세 1897년 고종(대한제국) : 　상제님께 천제 올림 1901년 신천지 도통문을 열 　고 9년 동안 천지공 　사를 보시고 천상옥 　좌로 환궁(1909, 도 　기 39년) 2003년 『도전道典』 완간본 　발간(초판 1992년)

그러면 왜 이 시대에 『도전』이 꼭 출현해야 하는 것일까요?

그것은 천지의 틀이 바뀌고 만물이 결실을 하는 가을철을 맞이하여, 이제까지 있었던 경전 문화로는 각 종교와 전통 사상의 울타리에 갇혀 수십, 수백 갈래로 나뉘어 버린 인류의 영혼과 마음을 하나로 소통시키는 대통일 문화를 열 수가 없기 때문입니다. 그것은 오직 병든 천지를 뜯어고쳐 '전 인류가 한 가족이 되는 후천선경 문명'을 열어 주신, 인간으로 오신 참 하나님의 도의 원전인 『도전』으로써만 이룰 수 있습니다. 『도전』은 장차 온 인류가 함께 누릴 통일 문화를 열어 주는 대경전인 것입니다.

『도전』에는 인류에게 희망찬 미래를 활짝 열어 주는 상제님의 경이로운 이야기들로 가득 차 있습니다. 『도전』을 통해서만이 앞으로 열리는 후천 5만 년 새 문화, 새 세상에 대한 종합적인 비전을 확연히 그려 볼 수 있습니다.

자, 그러면 이제 깊은 어둠의 터널을 지나 꿈의 새 세상이 어떻게 오는지, 또한 이 시대의 궁극의 성공인 천지성공은 어떻게 성취하는지, 『도전』 말씀을 중심으로 진리의 대탐험을 시작해 보겠습니다.

제 **2** 장

우주의 가을이
오고 있다

높은 산 정상에 올라 눈앞에 펼쳐진 바다 저 멀리 수평선을 바라보면서, 우리는 자연의 은혜로움을 생각해 봅니다. 그리고 문득 그 신비에 대해 근원적인 물음을 던집니다.

'자연이란 무엇이며, 어떻게 변화하는 것일까?'

'인간은 왜 태어나며, 무엇을 위해 사는 것일까?'

인간과 만물은 자연의 품에서 태어나 살다가 자연의 품으로 돌아갑니다.

그러므로 우리의 삶과 문명에 대해 명쾌하게 한 소식을 전해 주는 이야기는 바로 '천지 대자연', 달리 말해 '우주'에 대한 탐구로부터 시작해야 합니다.

이제 제2장에서는 '우주란 무엇이며 어떻게 변화하는가', '인생의 목적은 무엇인가'를 찾아 진리 여행을 떠나보겠습니다.

이 장의 핵심 주제어

생장염장, 인간농사, 우주 1년, 선천개벽, 후천개벽, 상극, 상생, 지축 이동, 춘생추살, 원시반본

1
우주의 사계절과 인간농사

1. 인간과 자연이 걸어가는 네 박자의 도道, 생장염장

  하늘에는 하늘대로 수많은 생명체가 살고 있고, 우주
의 한 작은 점에 불과한 지구에도 생명체로 가득 차 있습
니다. 인간만 해도 70억에 이릅니다. 바다는 또 어떠합
니까? 헤아릴 수 없이 많은 생명체가 바다 속을 현란하게
헤엄치고 있습니다.

  이렇게 많은 생명들은 어떻게 태어나고 살아가는 것일
까요? 그 변화의 근본 이치를 증산 상제님께서는 생장염
장이라고 밝혀 주셨습니다.

  ☀ 내가 천지를 주재하여 다스리되 생장염장生長斂藏의
    이치를 쓰나니 이것을 일러 무위이화無爲以化라 하느
    니라. (4:58:4)

  모든 생명은 생장염장 법칙으로 태어나고 변화해 갑니

다. 생장염장이란 '낳고, 기르고, 거두고, 휴식한다'는 뜻입니다. 이것은 참으로 간단한 원리이지만, 천지 안에 존재하는 만사 만물에 적용되는 보편의 법칙입니다. 상제님께서 이렇게 대자연의 변화 섭리를 밝혀 주시기 전까지 어떤 과학자, 철학자, 성자도 이 법칙을 알지 못했습니다.

생장염장이란 구체적으로 무엇일까요?

생生은 우주 변화의 맨 처음 단계로서, 천지가 인간과 만유 생명을 낳는 봄철의 변화입니다. 생의 다음 단계가 장長입니다. 장은 자연계가 됐든, 인간 세계가 됐든, 만물이 양적으로 한껏 성장하는 여름철의 변화입니다. 이렇게 태어나 성장한 것을 셋째 염斂의 단계, 가을철에 가서는 거두어들입니다. 그리고 마지막 단계가 겨울철의 변화인 장藏입니다. 추수한 생명을 저장하는 것입니다.

그런데 상제님은 또 우주가 만물을 낳고, 기르고, 거두고, 폐장하여 쉬는 이 네 마디 변화는 무위이화無爲以化로 이루어진다고 하십니다. 우주는 상제님이 주재하시는 자연 섭리에 따라 저절로 변화하는 것이지 창조주의 작위作爲에 의해 운행되는 것이 아니라는 말씀입니다.

이 생장염장이라는 법칙은 한 그루 나무가 사계절에 따라 변화하는 모습에서 쉽게 찾아 볼 수 있습니다. 봄이 되면 땅 속에서 물기가 쭉쭉 뻗어 올라오면서, 새싹이 터져 나오려고 나무껍질이 불룩불룩합니다. 거기에 봄비가 한 번 내리면, 불과 며칠 사이에 온 산천의 나뭇가지에서 이파리가 다 피어납니다[生]. 그러다 여름이 되면 그 잎들이 자라서 하늘을 뒤덮습니다[長]. 그런데 그 상태가 영원히 지속되는 게 아닙니다. 불과 몇 달 후면 열매가 여물면서[斂] 모든 잎이 땅으로 떨어집니다. 그리고 겨울이 되면 나무는 다음 봄을 기다리며 긴 휴식에 들어갑니다[藏].

사람이 살아가는 과정도 생장염장입니다. 태어나서 스물 대여섯 살 정도까지는 성장판이 열려서, 활발한 성장 호르몬 작용으로 뼈가 굵어지고 키가 자랍니다. 하지만 청년기가 지나면 성장판이 닫혀서 더 이상 크지를 않습니다. 염장의 과정 즉 장년기, 노년기로 넘어가는 것입니다.

천지 만물의 유형 세계가 됐든, 인간의 마음 같은 무형 세계가 됐든, 대우주의 극대 세계가 됐든, 소립자의 극미 세계가 됐든, 생장염장으로 변화해 갑니다. 우주의 변화 이법에 대한 가장 간단명료하고도 결론적인 해답이 생장염장인 것입니다.

제1장에서 말했듯이, 인간으로 오신 우주의 통치자 하나님이신 상제님께서는 '이때는 세간의 성공을 좇을 때가 아니고 천지성공을 해야 되는 때다'라고 하셨습니다. 천지성공이란 '인간으로서 너는 성공했다'고 천지 부모

가 인정해 주는 유일한 성공입니다.

그런데 천지성공을 이루기 위해서는 먼저 천지가 둥글어 가는 변화 법칙을 알아야 합니다. 그것이 바로 생장염장인 것입니다.

2. 우주도 1년 사계절로 변화한다

생장염장 이법에 따라 천지가 인간 생명과 문명을 낳아 기르는 시간의 가장 큰 주기가 있습니다. 그것을 우주 1년 이라 합니다.

우주 1년은 지구 1년을 확대해서 생각하면 이해하기

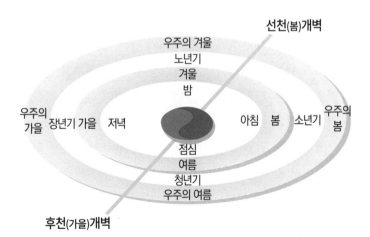

섭습니다. 우주에 봄이 오면 하늘과 땅은 조화造化로써 인간과 만물을 낳습니다. 그리고 여름 동안 만물을 전 지구에 널리 퍼뜨립니다. 이때 인종이 다양해지고 인구가 폭발적으로 늘어나며 문명도 다양하게 꽃핍니다.

그런데 이러한 변화를 일으키며 나아가는 시간의 화살은 최종 목적지가 있습니다. 바로 '우주의 가을철'입니다. 즉 우주의 봄여름은 가을을 향한 준비 과정입니다. 인간이 봄철에 태어나 여름 동안 종족을 퍼뜨리는 것도 가을철에 성숙하기 위한 것입니다.

여름에서 가을로 넘어가는 이 과정에서 천지가 뒤집어지는 엄청난 변혁이 일어납니다. 이것이 본서의 핵심 내용 가운데 하나인 가을개벽 상황입니다. 이에 대해서는 2절, 3절에서 상세히 살펴볼 것입니다.

한편 이 가을도 영원히 계속되는 것이 아닙니다. 일체의 생명체가 생명 활동을 멈추고 휴식하는 우주의 겨울이 닥칩니다.

우주도 봄·여름·가을·겨울 사계절로 변화해 간다! ✔

이런 우주 1년 사계절에 대한 구체적인 내용은 불교, 기독교, 유교, 도교 같은 이전의 어떤 종교나 사상, 그 어디에도 없는 것입니다. 다만 서양 고대 그리스 문화에서 '우주에는 큰 봄과 큰 여름이 있다, 그리고 큰 가을이 있다'는 이야기가 전설처럼 전해져 올 뿐입니다.

기독교적 시간관을 따르는 서양 문화권에서는 우주 1
년을 전혀 모릅니다. 그 문화권에서는 '역사는 끊임없이
진보하면서 하나님의 이상 세계를 향해 가다가 결국 종
말을 맞이하며, 그때 최후의 심판을 받고 구원 받는 자는
천국으로 올라가 영원히 산다'는 직선 시간관을 따르고
있습니다. 직선 시간관으로는 우주의 다음 해에 새 봄이
와서 새로운 인류가 탄생하여 문명을 개척하며 살다가
우주 가을철을 맞이한다는 '우주 1년이 순환하는 진리'를
받아들일 수 없습니다. 지금의 역사학, 고고학이 전부 직
선 시간관의 바탕 위에 이루어져 있습니다.

직선 시간관은 우주의 계절 변화에 따라 '시간의 밀도
密度'가 다르다는 것을 모르는 데서 기인한 것입니다. 일
찍이 러시아 과학자들은 사물이 변화함에 따라 시간의
밀도가 달라진다는 사실을 밝힌 바 있습니다. 실제로 하
루에도 잠잘 때와 일할 때의 시간 밀도가 서로 다릅니다.

요컨대 우주 1년은 밀도가 서로 다른 춘하추동 사계절
을 한 주기로 하여 영원히 순환하는 시간의 큰 주기입니
다. 모든 생명이 하나도 예외 없이 다 그 속에서 태어나고
살아갑니다. 때문에 '우주 1년의 순환 법칙'은 진리의 근
본 틀이면서 진리의 출발점이 됩니다.

3. 12만9천6백 수의 신비

그러면 우주 1년의 주기는 얼마나 될까요?

상제님께서 우주 1년 시간대의 비밀을 풀어 인류 역사에 드러내도록 지상에 내려 보내신 인물이 있습니다. 바로 천여 년 전 중국 송나라 때의 대학자 소강절邵康節 (1011~1077)입니다.

소강절은 상제님께서 자연 이법의 핵심을 뚫은 인물이라고 칭찬하신 그 주인공입니다. 그는 우주가 12만9천6백 년을 한 주기로 열리고 닫힌다는 것을 밝혀냈습니다. ✔

✽ 알음은 강절康節의 지식이 있나니 다 내 비결이니라.

(2:32:1~2)

하늘과 땅, 인간은 모두 12만9천6백 수로 변화해 갑니다. 이 12만9천6백 수는 어떻게 해서 나온 수일까요?

지축이 동북으로 기울어진 현재는 지구의 1년

이 365¼일이지만, 본래 1년의 정도수正度數는 360일입니다. 즉 지구는 하루에 360도 자전하면서 1년 360일 동안 태양을 안고 돌아갑니다. 따라서 지구가 1년 동안 변화하는 도수는 360도 곱하기 360회 해서 총 12만9천6백 도입니다. 이것이 지구 1년의 변화 도수입니다.

이런 원리에 따라 우주는 하루에 해당하는 360년을 360회 순환 반복함으로써 12만9천6백 년이라는 '우주 1년' 시간대로 운행합니다.

그렇다면 이렇게 반문할 수도 있을 것입니다. "그걸 어떻게 믿어요? 과학적으로 증명할 수 있는 건가요?" 물론입니다. 현대 과학자들이 입증을 하고 있습니다.

2006년에 우리말로 번역되어 나온, 존 그리빈의 『빙하기Ice Age』라는 책이 있습니다. 그 책 서두에 오로지 빙하기 연구에 한 생애를 다 바친 과학자 부자父子의 이야기가 실려 있는데, 그 내용이 구도자들에게 많은 감동을 줍니다. 이 책에서도 말하듯이, 지난 2백 년 동안 빙하기를 연구하여 얻은 결론은 '약 10만 년마다 지구에 주기적으로 빙하기가 찾아 왔었다'는 것입니다.

그리고 1999년, 과학 잡지 『네이처Nature』에 '지구 환경의 변화 주기가 약 12만4천 년이다'라는 발표가 있었습니다. 과학자들의 빙하기 연구 결과가 우주 1년의 주기인 12만9천6백 년에 매우 근접하고 있습니다.

그런데 이 수는 인체의 음양 운동이라 할 수 있는 기혈氣血 운동에서도 나타납니다. 보통 성인의 하루 호흡 수와 맥박 수를 합치면 평균 12만9천6백 회가 됩니다.

우주 1년의 도수가 12만9천6백 년, 인체의 하루 도수가 12만9천6백 회!

인간이 살아가는 하루의 숨결을 나타내는 숫자가 우주 1년의 생명의 수와 같다는 것은 어떤 오묘한 섭리를 말해 주고 있습니다. 곧 우리 인생의 희망과 절망이 모두 '하루하루 살아가는 삶' 속에 있고, 인류의 역사도, 천지의 역사도 인간의 하루에서 시작된다는 것입니다. 그러므로

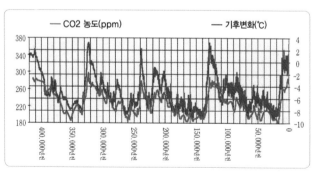

약 10만 년의 주기를 보여주는 빙하 분석 그래프
1998년 남극의 보스톡 기지에서 3,623m 깊이까지 얼음기둥을 시추했다. 이것을 분석한 결과, 지난 42만 년 동안 4번의 빙하기와 간빙기가 반복되었다는 사실이 밝혀졌다. (페티트 J.R.Petit, Nature, 1999)

우주 가을철에 이루는 궁극의 성공, 천지성공의 성취 여
부가 오늘 하루, '지금 이 순간' 당신의 생각과 선택에 달
려 있습니다!

4. 우주 1년 변화의 목적, 사람농사

그렇다면 천지가 1년 사계절로 변화하는 목적은 과연
무엇일까요?

상제님이 주재하시는 우주 1년을 초등학생부터 철학
자, 과학자, 종교가에 이르기까지 누구도 쉽게 알아들을
수 있도록 일상 언어로 명쾌하게 풀어 주신 분이 있습니
다. 바로 증산 상제님의 도업을 한평생 인간 역사 속에 실
현하고 계시는 안운산 태상종도사님입니다. 일찍이 태상
종도사님은 우주 1년의 목적에 대해 이렇게 말씀해 주셨
습니다.

❀ 천지도 목적이 있다. 그래서 질서정연하게 둥글어 가
는 것이지 그냥 그 속에서 생명이 왔다 가는 것이 아
니다. 그 목적이 뭐냐 하면 지구 1년은 초목농사 짓
는 것이고, 우주 1년은 사람농사 짓는 것이다. 지구
1년이 생장염장하는 것을 보면, 봄에 씨 뿌리고 싹을

내서 여름철에 성장시켜 **가을철에 추수**를 한다. 그것과 같이 우주 1년은 사람농사를 짓는다.

우주는 결코 맹목적으로 순환하는 것이 아닙니다. 분명히 그 목적이 있습니다. 바로 사람농사를 짓기 위해서 돌아갑니다.

(왜) 천지 부모는 사람농사를 짓는 것일까요?

　형 어 천 지 　　생 인
❀ 形於天地하여 生人하나니

　만 물 지 중 　　유 인 　최 귀 야
萬物之中에 唯人이 最貴也니라

하늘과 땅을 형상하여 사람이 생겨났나니

만물 가운데 오직 사람이 가장 존귀하니라. (2:23:2)　✔

천지와 인간의 동일한 순환 도수

天 · 우주의 일년 도수: 360년 × 360회　　　　　　= 129,600년
地 · 지구의 일년 도수: 360도 × 360일　　　　　　= 129,600도
人 · 인체의 하루 도수: (72+18)회/분×60분×24시간 = 129,600회

하루 맥박[음]수 : 72회/분×60분×24시간　　= 103,680회
하루 호흡[양]수 : 18회/분×60분×24시간　　= 25,920회
　　　　　　　　　　　　　　　　합계　129,600회

우주 1년 창조 이법 : 선·후천 개벽 운동

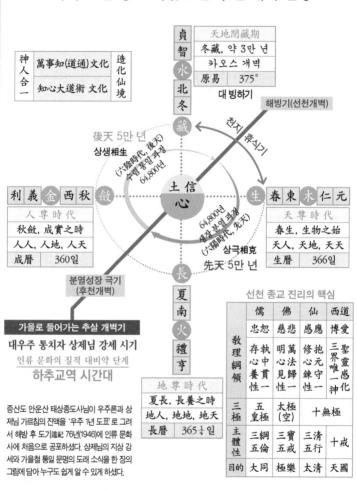

神人合一 | 萬事知(道通)文化 | 造化仙境
知心大道術 文化

貞智水北冬藏

天地閉藏期
冬藏, 약 3만 년
카오스 개벽
原易   375°
대 빙하기

해빙기(선천개벽)

천지 추分기

後天 5만 년
상생相生
(六陰時代, 後天)
수렴 통일 과정
64,800년

土信心

64,800년
생장 분열 과정
(六陽時代, 先天)

상극相克
先天 5만 년

利義金西秋 斂

人尊時代
秋斂, 成實之時
人人, 人地, 人天
成曆   360일

生

春東木仁元

天尊時代
春生, 生物之始
天人, 天地, 天天
生曆   366일

분열성장 극기
(후천개벽)

長

夏南火禮亨

가을로 들어가는 추살 개벽기
대우주 통치자 상제님 강세 시기
인류 문화의 질적 대비약 단계
하추교역 시간대

地尊時代
夏長, 長養之時
地人, 地地, 地天
長曆   365¼일

증산도 안운산 태상종도사님이 우주론과 상제님 가르침의 진액을 '우주 1년 도표'로 그려서 해방 후 도기道紀 76년(1946)에 인류 문화사에 처음으로 공포하셨다. 상제님의 지상 강세와 가을철 통일 문명의 도래 소식을 한 장의 그림에 담아 누구도 쉽게 알 수 있게 하셨다.

선천 종교 진리의 핵심

		儒	佛	仙	西道
教理綱領		忠恕	慈悲	感應	博愛
		存心養性	明心見性	修心鍊性	三聖靈感化
		執中貫一	萬法歸一	抱元守一	三界唯一神
三極		五皇極	太極(空)	十無極	
主體性		三綱五倫	三寶五戒	三清五行	十戒
目的		大同	極樂	太清	天國

이 말씀처럼, 그것은 인간이라는 존재가 본래 하늘과 땅을 본떠서 생겨났으며, 하늘땅의 주인공이 되기 때문입니다.

그런데 천지가 사람 농사를 짓는 보다 궁극적인 이유는, 장차 천지가 꿈꾸는 이상 세계를 지상에 건설하여 천지성공을 이루어 내는 주체가 인간이라는 데 있습니다. 그래서 상제님께서는 "천존天尊과 지존地尊보다 인존人尊이 크니 이제는 인존 시대니라"(2:22:1)고 선언을 하셨습니다. 이 말씀의 깊은 뜻은 잠시 후에 다시 이야기하겠습니다.

2
선천과 후천: 상극에서 상생으로

1. 지금은 여름과 가을이 바뀌는 하추교역기

우주 1년은 크게 봄여름과 가을겨울의 변화로 돌아갑니다. 앞의 두 계절, 곧 생장·분열 운동을 하는 봄여름 시간대를 선천先天, 뒤의 두 계절, 곧 수렴·통일 운동을 하는 가을겨울 시간대를 후천後天이라 합니다. 12만9천6백년 가운데 전반기 6만4천8백 년은 선천이고, 후반기 6만4천8백 년은 후천이라는 말입니다. 이것은 '자연의 선·후천' 시간입니다.

이 자연의 선·후천과는 달리, 인간이 역사 무대에서 활동하는 '문명의 선·후천' 시간이 있습니다. 문명의 선·후천 시간은 봄에서 여름철까지 선천 5만 년, 가을에서 겨울 초까지 후천 5만 년, 도합 10만 년입니다. 나머지 약 3만 년은 우주년의 겨울철로 인간을 비롯한 일체 생물이 지구상에 살 수 없는 기나긴 빙하기입니다. 이때는 새로운 우주 봄철의 탄생을 예비하기 위해 생명의 진액을 저장하여 두는 천지의 휴식기입니다.

그러면 우리는 지금과연 어느 때에 살고 있을까요?

＊지금은 온 천하가 가을 운수의 시작으로 들어서고 있
느니라. (2:43:1)

1장에서도 밝혔듯이, 지금은 우주의 여름철에서 가을
로, 즉 선천에서 후천으로 넘어가는 시기입니다. 분열과
성장을 멈추고 수렴과 통일의 변화로 꺾어지는 대변혁기
로서, 인류는 **지금 가을 우주로 들어가는 가을개벽의 문
턱에 서 있는 것**입니다. 최근 인간 생명을 거세게 위협하
는 대지진, 폭염, 폭설과 같은 자연 재앙과 경제 위기, 질
병 같은 **모든 재난은 바로 이 때문에 일어나는 것**입니다.

그런데 안타깝게도 지구촌 인류는 '지금이 여름과 가을
이 바뀌는 하추교역夏秋交易의 대개벽기'라는 **이 시대 변**

선후천으로 순환하는 우주 1년

	봄·여름		가을·겨울	
자연의 선·후천	선천 64,800년		후천 64,800년	
문명의 선·후천	빙하기 말기	선천 5만 년	후천 5만 년	빙하기 초·중기

화의 **핵심 명제**를 전혀 모릅니다. 이 때문에 상제님께서 오늘의 천하창생을 모두 '**철부지**節不知 **인생**'이라 한탄하셨습니다.

> ☀ 시속에 절후를 철이라 하고 어린아이의 무지몰각한 것을 철부지라 하여 … 노인도 몰지각하면 '철부지한 아이와 같다' 하느니라. (2:138:2~3)

더욱 심각한 것은 사람들이 지금이 천지의 봄인지, 여름인지, 가을인지 관심도 없고 알려고 하지도 않는다는 사실입니다. 게다가 선천 문화에는 우주 변화 원리에 대한 인식이 없습니다. 때문에 그 문화에만 젖어 있으면 지금이 어느 때인지 전혀 알 길이 없습니다.

우리가 꿈꾸는 결코 무너지지 않는 성공, 천지성공을 성취하려면 지금 천지가 어느 계절에 들어서 있는지를 반드시 알아야 합니다. 천지 변화에 대한 근원적인 깨달음이 있어야 '인생 성공에 대한 새로운 정의'를 내릴 수 있고, 천지성공이 이 시대에 성취해야 할 궁극의 성공임을 절감하게 되는 것입니다.

2. 선천 세상의 창조 질서, 상극

그러면 지금까지 인류가 살아온 선천 세상은 구체적으로 어떠한 원리에 따라 둥글어 왔을까요?

❀ 선천은 상극相克의 운運이라. (2:17:1)

선천은 상극의 이법으로 돌아가는 세상입니다. 하늘과 땅과 인간, 그리고 모든 생명체가 상극 질서 속에서 태어나 살아갑니다.

여기서 상극이란 문자적으로 서로 상相, 이길 극克으로서 '서로 극한다, 제어한다, 대립한다'는 뜻입니다. 봄에 새싹이 나오려면 땅을 뚫고 올라와야 하고, 아기가 태어나려면 어머니의 산도産道를 찢고 나와야 하는 것, 이것이 상극입니다. 봄여름 철에는 상극 질서에 의해 생生과 장長이 이루어지는 것입니다. 그러므로 상극은 '자연의 창조 원리'라 할 수 있습니다.

그런데 증산 상제님께서는 상극을 '문명의 발전 원리'로도 말씀하셨습니다.* 즉 '도전에 대한 응전이 발전의 원

---

* 자연의 상극은 'mutual restraint'으로, 문명의 상극은 'mutual conflict'으로 번역한다.

동력이 된다'는 역사학자 토인비A.Toynbee의 말처럼, 인류는 끊임없이 극을 받지만 그것을 극복하면서 찬란한 문명을 이루게 되는 것입니다.

상극 질서는 그 근원을 살펴보면 천지 부모의 몸이 기울어진 데서 비롯되었습니다. 우주의 봄여름에는 대우주 천체가 기울어져서 돌아갑니다. 생명의 어머니인 지구도 23.5도 기울어져 있습니다. 천지 부모가 생명을 낳는 방위인 동북 방향으로 몸을 눕혀서 만물을 쏟아 냅니다. 그 때문에 생명을 많이 낳을 수 있지만, 한편으로 상극이 생겨나는 것입니다.

'선천은 상극의 운이라!', 참으로 단순하고 간결한 이 한 마디 말씀 속에 지나간 선천 5만 년 고난의 역사가 다 담겨 있습니다. 인간의 삶 속에서 벌어지는 죄악 문제, 인간관, 신관, 우주관 등 풀리지 않았던 진리의 비밀이 다 담겨 있습니다.

3. 상극의 원한이 폭발하면

천지의 상극 질서는 선천 세상의 생장과 발전의 원동력이었습니다. 하지만 그 이면에서 인간과 만물은 끊임없이 대립하며 갈등을 겪어 왔습니다.

다시 말해서, 천지 부모의 몸이 양陽의 방향인 동북방으로 기울어진 선천에는 하늘과 땅의 관계가 3양 2음이 되어 양의 기운이 음의 기운을 눌렀습니다.[억음존양抑陰尊陽] 천지 기운이 그러하므로 천지에서 몸을 받아 태어난 인간과 만물 또한 억음존양 시대를 살아야 했습니다. 어머니 땅보다 아버지 하늘을 더 숭배하고, 남성이 여성을 억압하고, 강한 자가 약한 자를 핍박하였습니다.

> ☞ 선천은 상극相克의 운運이라. 상극의 이치가 인간과 만물을 맡아 하늘과 땅에 전란戰亂이 그칠 새 없었나니. (2:17:1~2)

이 말씀과 같이 음양이 부조화에 빠진 상극의 천지 질서가 인간 역사에 갈등과 투쟁, 반목과 전쟁 등 온갖 사회악의 문제를 유발시켜 왔습니다.

지난날의 역사를 돌아보십시오. 선천 역사는 실로 크고 작은 싸움의 연속이었습니다. 지금 이 순간에도 개인 간의 대립과 투쟁, 국가 간의 온갖 참혹한 테러와 비극적인 전쟁이 소용돌이치고 있습니다. 인류 역사에 전쟁이 그칠 날이 없었습니다. 또한 가족끼리 싸우지 않는 집안이 거의 없습니다. 상제님은 "전쟁은 가족 전쟁이 가장 크다"(3:164:6)고 하시며 가족 간의 반목과 불화를 경계하셨습니다. 게다가 인간은 내면에서 자기 자신과도 끊임없이 싸웁니다.

요컨대 인간 세상의 분란과 전쟁의 비극은 반드시 인간 자신의 도덕성이 결여되어서, 신을 믿지 않아서, 또는 가치관이 달라서 생기는 것만이 아닙니다. 그것은 표면적 이유일 뿐, 근본적으로는 선천 봄여름 대자연의 창조 질서 자체가 상극이기 때문입니다. 천지 부모가 '상극의 몸짓'으로 만물을 낳고 기르기 때문이라는 말입니다.

그러면 이러한 상극 질서가 낳은 최종 결과는 무엇이겠습니까? 바로 원한입니다.

❋ 선천에는 음양이 고르지 못하여 원한의 역사가 되었으나 … (11:179:12)

억음존양의 선천 세상을 살다 간 인간은 누구도 가슴 속에 '원과 한'을 품게 되었습니다. 이에 대해 안운산 태상종도사님께서는 이렇게 말씀해 주셨습니다.

❋ 인류 역사가 창시된 이후로 지금까지 사람 두겁을 쓰고 생겨나 원한을 맺지 않고 살다 간 사람은 한 사람

도 없다.

그리하여 선천 말대인 오늘날에 이르러 누적된 원과 한의 무서운 파괴력 때문에 천지가 무너질 지경이 되고 말았습니다.

🌸 상극의 원한이 폭발하면 우주가 무너져 내리느니라.
(2:17:5)

스필버그 감독이 만든 『아미스타드Amistad』라는 영화가 있습니다. 백인들이 아프리카 흑인을 잡아다가 노예로

『노예의 삶Slavery and African Life』에 실린 삽화. 흑인 노예 가족(할아버지부터 손자까지) 3대가 쇠사슬과 나무형틀에 묶인 채 끌려가는 모습.

팔아먹는 내용입니다. 16세기부터 약 3백여 년 동안 6천만 명에 달하는 흑인이 노예로 팔리고 참혹하게 죽어갔습니다.

그 영화를 보면, 백인 노예상들은 흑인들을 배에 싣고 망망대해를 가다가 흑인들이 병들거나 노동력을 상실하면 잔인하게 죽여 버립니다. 하늘을 찢는 듯한 흑인들의 절규! 죽음의 순간에 외친 그들의 처절한 비명소리는 지금 이 순간에도 천지 안을 떠돌고 있습니다.

그 원과 한을 깊이 느껴 보십시오! 그것을 못 느낀다면 지구촌에서 온갖 참혹한 재앙으로 터지고 있는 원과 한의 본성과 그 파괴력에 대해 큰 깨달음을 얻을 수 없습니다.

이렇듯 천지가 무너져 내릴 정도로 무섭고도 심각한 원한의 문제를 과연 어떻게 해결할 수 있을까요? 선천 인류의 성자로 불리는 공자, 석가, 예수의 가르침으로 해결할 수 있을까요? 그렇지 않습니다. 물론 선천 성자들의 가르침도 훌륭하지만, 안타깝게도 그들의 가르침은 종교 문화권 간에 충돌을 일으켜 오히려 원한을 가중시켜 온 면이 적지 않습니다. 지구촌 각 지역에서 벌어지는 끊임없는 종교 전쟁이 그것을 입증해 주고 있지 않습니까?

이 원한 문제를 해결하는 길은 오직 하나입니다. 인류

가 안고 있는 모든 문제의 근본 원인인 상극의 운을 끝내야만 합니다. 그래서 천지 살림을 주관하시는 상제님이 친히 오셔서 '내가 우주의 상극 운을 끝맺으려 한다'고 선언하신 것입니다.

이것이 상제님이 인간 세상에 내려오실 수밖에 없는 필연적인 이유 가운데 하나입니다. 천지의 상극 질서를 새 질서로 바꿔 주시기 위해, 우주의 통치자 하나님이 천상옥좌에서 인간의 역사 속으로 들어오셨습니다.

4. 여름에서 가을로 다리를 놓아 주신 상제님

✔ '왜 천상의 상제님이 꼭 오셔야 했는가?'

이제 상제님이 오시지 않으면 안 되었던 필연적인 이유를 우주 변화의 이법 차원에서 살펴보겠습니다.

봄철은 오행으로 목木입니다. 아래에서 위로 솟구치며 생명을 탄생시키는 봄기운이 목입니다. 그리고 거기서 지엽枝葉이 나와 분열하는 여름은 불[火]기운입니다. 봄에서 여름으로 가는 것은 목생화木生火이기 때문에 이때는 그다지 큰 변혁이 없습니다. 내내 같은 양도陽道 변화로, '생장·분열 운동'을 하는 것입니다.

그런데 여름에서 가을로 갈 때는 '질적인 대변화'가 일어납니다. 여름은 양기로 분열·성장을 하지만 가을은 음기로 수렴·통일을 하기 때문입니다.

이것을 오행의 변화로 말하면, 여름철 화기와 가을철 금기가 충돌하여 화극금火克金이 됩니다. 불기운이 서방 금 기운을 이깁니다. 실제로 불과 쇠가 만나면 쇳덩어리가 불에 완전히 녹아 버리지 않습니까? 때문에 조화가 안 일어납니다. 여기서 질적인 대변화가 일어나는데 그것이 바로 가을개벽 상황입니다.

이때는 음양을 조화하여 통일시키는 토土가 개입하여 화를 받아들임으로써 화생토火生土·토생금土生金 해서 가을로 들어갑니다.

이 천지조화의 중심 토 자리에 계시는 분이 우주의 주재자이신 상제님이십니다. 그 상제님이 화생토·토생금으로 다리를 놓아 주시기 위해 인간 세상에 오신 것입니다. 이것은 오직 여름에서 가을로 건너갈 때 단 한 번 일어나는 '우주적인 사건'입니다.

5. 가을 우주의 질서, 상생

앞에서도 말했지만, 상제님이 오셔서 선천의 상극 질서를 끝맺고 새로 열어 주신 가을철 신천지의 질서, 그것이 바로 상생입니다.

❋ 나의 도는 상생相生의 대도이니라. (2:18:1)

상생은 후천 가을 세상의 창조 법칙으로서 조화의 질서

요, 평화의 도요, 대통일의 원리입니다.

❀ 내가 이제 후천을 개벽하고 '상생의 운'을 열어 선善
으로 살아가는 세상을 만들리라. (2:18:3)

❀ 선천은 천지비天地否요, 후천은 지천태地天泰니라. 선
천에는 하늘만 높고 땅은 높지 않았으니 이는 지
덕地德이 큰 것을 모름이라. 이 뒤에는 하늘과 땅을
일체로 받드는 것이 옳으니라. (2:51:1~3)

상생 질서로 돌아가는 가을 세상인 후천에는 억음존양,
남존여비 문화가 사라지고, 정음정양正陰正陽, 남녀동권을
바탕으로 하는 새 문화가 열립니다. 후천은 조화와 화합
의 세상으로 남녀 차별, 인종 차별, 빈부 차별 같은 모든
불평등이 없어지고 모두가 나름대로 대접받는 세상이 됩
니다.

후천에는 대자연도 '정음정양'의 변화를 합니다. 1년의
날수가 365¼일에서 360일로 바뀌고, 음력 양력이라는
개념이 없어집니다. 달력을 잘 만들어서 어린애가 태어
날 때 선물로 주면 그것 하나로 평생을 쓰게 됩니다. 그리
고 춘하추동의 구분이 사라져 사계절이 늘 따뜻한 봄이
됩니다. 극한과 극서가 없어져서 지구촌은 청화명려淸和

明麗한 낙원으로 바뀝니다. 참으로 멋진 세상이 아닙니까?

천지와 인간이 완전한 조화를 이루는 이 가을 세상이 바로 기독교에서 외친 하나님의 왕국이며, 불교에서 소망해 온 용화 낙원이고, 도교의 유토피아인 삼청三淸 세계이며, 유학자들이 꿈꾸어 온 대동 세계입니다.

그 세상은 한마디로 '열린 우주'입니다. 이 열린 우주에서는 인간의 영성과 마음 문이 활짝 열립니다. 인간의 의식이 전 우주에 울려 퍼져서 인간과 인간, 인간과 자연, 인간과 신명이 자유롭게 소통을 합니다. 그리하여 모든 존재는 '모두가 하나'라는 생명 의식으로 우주적 차원에서 살아갑니다.

사실 지나간 선천 세상은 닫힌 우주였습니다.

☵ 선천은 삼계가 닫혀 있는 시대니라. (4:6:1)

이 말씀과 같이 그동안 선천에는 인간의 마음, 언어, 사회 제도, 신앙생활에 이르기까지 현실 문화 속의 수백, 수천 가지가 다 닫혀 있었습니다. 그래서 선천에는 무엇을 깨달았다고 해도 결국 닫힌 세계 속에서 성취한 제한적인 깨달음에 그칠 뿐입니다. 지금 인간과 인간, 인간과 신명, 그리고 각 문화권이 서로 소통이 되지 못하는 이유가 여기에 있습니다.

그러므로 장차 후천의 열린 새 우주로 들어가기 위해서는 닫힌 우주의 신앙관, 세계관, 자연관을 뛰어 넘어야 합니다. 여름에서 가을로 갈 때는 막혀 있는 모든 벽을 넘어

우주 1년, 선천과 후천

선천先天		후천後天	
봄[生]	여름[長]	가을[斂]	겨울[藏]
윤역閏曆		정역正曆	원역原曆
생역生易	장역長易	성역成易	
366일	365¼일	360일	375도
뿌리 시대	줄기 시대	열매 시대	
신교 시대 (시원 문화)	유·불·선·기독교 등 (다종교 문화)	우주 통일문명 시대 (상제님의 무극대도)	빙하기 (휴식기)
상극 운동 천존과 지존 시대 억음존양 시대		상생 운동 인존 시대 정음정양 시대	다음 우주 1년을 위한 재충전기

서는 것이 참으로 중요합니다.

그런데 이에 대해 증산 상제님께서는 "선천 관습 고치기가 죽기보다 어려우니라"(9:208:5)라고 말씀하셨습니다. 기존의 관념을 철저하게 버린다는 것이 죽기보다 어렵다는 말씀입니다.

지금 우리가 살고 있는 여름철 상극 문화권의 닫힌 틀에서 완전히 벗어나야 비로소 가을 우주를 건설하는, 천지성공으로 가는 문턱을 넘어설 수 있다는 사실을 결코 잊어서는 안 됩니다.

3
가을개벽으로 열리는 새 세상

1. 하늘 중심, 땅 중심의 세상을 살아왔나니

앞에서도 언급하였듯이 여름에서 가을로 들어갈 때는 천지의 틀과 질서가 뒤집어지는 총체적인 변화가 일어납니다. 이것을 개벽開闢이라 합니다.

동양 문화에서 개벽은 원래 천지의 탄생과 관계된 것입니다. '천개지벽天開地闢', 즉 '하늘이 열리고 땅이 열린다, 하늘과 땅이 처음 탄생한다'는 말의 줄임말이 개벽입니다. 그런데 상제님이 말씀하시는 개벽은 천지의 계절이 바뀔 때 세상에 일어나는 대변화입니다.

'선천개벽'은 우주의 봄이 열리는 개벽이고, 여름에서 가을로 넘어가는 것은 '가을개벽, 후천개벽'입니다.

> ✽선천에도 개벽이 있고 후천에도 개벽이 있나니, 옛적
> 일[上古之事]을 더듬어 보면 다가올 일[來到之事]을 알고,
> 다가올 일을 알면 나의 일을 아느니라.(11:122:1~3)

선천개벽은 천지 부모가 요동치면서 만물을 낳고 새로운 우주 1년을 시작하는 출발점입니다.

이 우주의 봄은 하늘 중심 세상입니다. 곧 인간이 하늘 혹은 신으로부터 가르침을 받아서 문화를 형성하고 발전시켜 나갑니다. 이런 특징 때문에 우주의 봄을 하늘이 가장 존귀한 천존天尊 시대라 합니다.

그런데 우주의 여름철이 되면, 봄철에 같은 하늘에서 나온 만물 생명이, 땅에서 번성해 나가면서 지역마다 각기 다른 문화를 형성합니다. 왜 그런 것일까요? 그것은 각 지역의 땅 기운과 기후가 서로 다르기 때문입니다. 즉 우주의 여름은 인간의 삶이 땅의 환경에 따라 좌우되는 지존地尊 시대입니다.

그래서 지역에 따라 사람들의 눈동자와 머리털 색깔, 사고방식, 언어, 종교 등 삶의 모든 것이 서로 다른 것입니다. 우리가 잘 알고 있는 불교, 유교, 유대교, 기독교, 이슬람교, 힌두교는 '여름철 지존 시대의 문화'입니다.

이 지존 시대의 여름철 세상을 끝내고 인존 시대인 가을철 시대로 들어가는 대변혁, 그것이 바로 후천개벽입니다.

2. 자연 개벽·문명 개벽·인간 개벽으로
   완성되는 후천개벽

우주의 가을 세상을 여는 후천개벽은 무엇보다 자연환경의 변화가 극심한 '대개벽'입니다. 인간이 몸담고 있는 어머니 지구의 자연 환경만 바뀌는 것이 아닙니다. 태양계 전체, 나아가 우주 전체가 가을철 성숙의 시간대를 출산하기 위해 거센 요동을 치면서 격렬한 변혁을 겪습니다.

그런데 후천개벽을 단순히 천지 대자연의 변화로만 이야기하면, 앞 세상의 참 모습을 제대로 그려 볼 수가 없습니다. '천지의 자연 질서가 바뀐다'는 것, 단순히 봄 다음에 여름이 오고 여름 다음에 가을이 오는 것은, 그것을 알든 모르든 특별할 것이 없습니다. 증산 상제님이 말씀하신 개벽은 그런 자연 변화 수준에 머무는 것이 아닙니다. 후천개벽은 자연 개벽뿐만 아니라 문명 개벽과 인간 개벽을 포괄하는 것입니다.

천지의 새 질서가 열리는 자연 개벽을 거치면서, 인간 문명의 틀도 바뀝니다. 이것이 '문명 개벽'입니다. 이로써 모든 인간이 하나님 같은 마음으로 살고, 녹祿이 풍족해져 먹고사는 문제가 다 해결됩니다. 공평하고 완전한 부의 분배가 이루어지는 이상 낙원 문명이 열리는 것입니다.

그런데 문명 개벽은 '인간 개벽'이 반드시 선행되어야 합니다. 인간이 근원적으로 영성 개벽, 심법 개벽을 이루는 것, 이것이 인간 개벽입니다. 따라서 여름철 말대 세상을 사는 지구촌 인간은 누구도, 기존의 제한된 깨달음과 묵은 가치관을 일절 무너뜨리고 상제님의 도법으로 거듭 태어나야 합니다.

자연 개벽, 문명 개벽, 인간 개벽, 이 3대 개벽을 축으로 하여 증산 상제님께서 후천 새 세상을 열어 주시는 것입니다.

3. 가을개벽의 근본정신은 원시반본

상제님께서는 우주의 가을철을 원시반본原始返本하는 시대라고 선언하셨습니다.

☞ 이제 개벽시대를 당하여 원시로 반본하느니라.

(2:37:4)

원시반본, 이것은 무슨 뜻일까요?

가을철이 되면 초목의 줄기와 이파리에 있던 수기水氣

가 전부 뿌리로 되돌아갑니다. 지구 1년이든 우주 1년이든, 봄여름 동안 땅에서 하늘로 향하던 분열 운동이 가을이 되면 하늘에서 땅으로 향하는 수렴 운동으로 바뀌게 됩니다. 변화의 방향성이 뒤집어지는 것입니다. 이렇게 해서 '생명의 근원으로 돌아가는 것', '제 뿌리로 돌아가는 것', 이것이 바로 원시반본입니다.

> ☙ 이때는 원시반본하는 시대라. 혈통 줄이 바로잡히는 때니 환부역조換父易祖하는 자와 환골換骨하는 자는 다 죽으리라. (2:26:1~2)

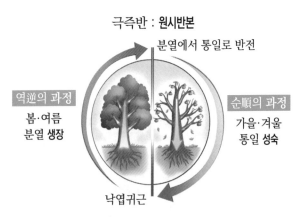

극즉반 : 원시반본

분열에서 통일로 반전

역逆의 과정
봄·여름
분열 생장

순順의 과정
가을·겨울
통일 성숙

낙엽귀근

분열·통일하며 순환을 반복하는 대자연

원시반본은 가을철의 대자연 섭리입니다. 가을에는 모든 생명이 그 뿌리로, 근본으로 돌아가지 않으면 죽어서 소멸되고 맙니다. 인간 생명도 결코 여기서 벗어날 수 없습니다.

인간 생명의 첫째 뿌리는 나를 낳아 준 부모, 조상입니다. 따라서 가을 개벽기에는 모든 인간이 제 조상을 찾아서 받들어야 생명을 보존할 수 있습니다.

여기에는 나와 조상신의 생사 문제가 함께 걸려 있습니다. 뿌리가 없으면 열매를 맺을 수 없고, 열매가 없으면 뿌리도 존재할 수 없기 때문입니다.

또한 민족의 뿌리를 찾아야 하며, 나아가 인류 문화의 근원을 찾고, 진리의 근원으로 돌아가야만 생명의 열매를 맺을 수 있습니다.

요컨대 원시반본은 가을철에 열매 맺는 근본 법칙으로서 가을 개벽기에 뭇 생명에게 주어진, 생존을 위한 제1의 과제입니다.

4. 인종 씨를 추리는 가을개벽

그러면 후천개벽 때에는 왜 그런 극심한 자연 격변이 일어나는 것일까요? 한마디로 우주의 기운이 양도陽道에서 음도陰道로 뒤집어지기 때문입니다.

🔯 후천에는 음陰 도수가 뜬다. (6:51:9)

선천 봄여름은 양기陽氣가 만물의 생장을 주도하는 시대이고, 후천 가을겨울은 음기陰氣가 만물의 수렴을 주도하는 시대입니다.

이렇게 자연 질서의 틀 자체가 바뀌기 때문에 천지일월에도 격렬한 변화가 일어나는 것입니다. 그 대표적인 사건이 바로 지축 이동입니다. 기울어져 있던 하늘땅의 중심축이 정남북으로 이동하면서 지축이 바로 서게 됩니다.

2011년 3월 11일, 일본 동북부의 미야기 현 센다이 동

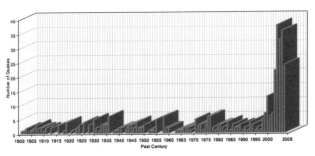

20세기 이후 전 세계 6~8도 규모의 강진 빈도. 21세기에 들어와 지구촌 강진 발생 횟수가 기하급수적으로 늘어나고 있다. 우리나라도 90년대에 비해 지진이 두 배로 늘어났다.

쪽 179km 지점의 해역에서 규모 9.0의 초대형 지진이 발생했습니다. 일본의 지진 관측 사상 최대 규모의 대지진은 높이 40.5m에 달하는 강력한 쓰나미를 몰고와 순식간에 센다이 지역을 휩쓸어버렸습니다. 일본은 언제 또 초대형지진이 닥칠지 모르는 불안감에 떨고 있습니다.

앞으로 동일본 대지진보다 수백 배 이상 강력한 대지진이 일어납니다. 지축이 이동하면서 전 지구적인 대변혁이 오는 것입니다.

증산 상제님은 이때 닥치는 충격에 대해 이렇게 말씀하셨습니다.

❀ 장차 서양은 큰 방죽이 되리라. (2:139:1)
❀ 불[火] 개벽은 일본에서 날 것이요, 물[水] 개벽은 서양에서 날 것이니라. (7:43:1)

그때가 되면 그야말로 '한순간'에 어떤 나라는 물로 들어가고 또 어떤 나라는 화산 폭발과 지진 때문에 땅덩어리 대부분이 사라져 버린다는 것입니다.

상제님은 앞으로 인류가 겪어야 할 절박한 상황을 다음과 같이 그려 주시며 **"정신을 똑바로 차리고 다녀야 한다. 하늘에서 옥단소를 불 적에는 귀가 밝아야 한다"**고 경계하셨습니다.

❋ 앞으로 개벽이 될 때에는 산이 뒤집어지고 땅이 쩍쩍 벌어져서 푹푹 빠지고 무섭다. 산이 뒤집혀 깔리는 사람, 땅이 벌어져 들어가는 사람, 갈데없는 난리 속이니 어제 왔다가 오늘 다시 와 보면 산더미만 있지 그 집이 없느니라. (7:23:1~4)

❋ 자식이 지중하지만 손목 잡아 끌어낼 겨를이 없으리라. (2:139:3)

❋ 동서남북이 눈 깜짝할 사이에 바뀔 때는 며칠 동안 세상이 캄캄하리니 그 때는 불기운을 거둬 버려 성냥을 켜려 해도 켜지지 않을 것이요, 자동차나 기차도 움직이지 못하리라. (2:73:2~3)

인간은 누구나 행복한 미소를 지으며 기쁜 마음으로 보람 있게 살기를 원합니다. 누구도 가을철 낙엽처럼 소멸되는 삶을 살기를 원치 않을 것입니다.

그러나 만일 지금 가을개벽 소식에 대해 경각심을 갖지 않고 그냥 한쪽 귀로 듣고 흘려버리고 만다면, 대변혁의 소용돌이에서 결코 살아남을 수 없습니다.

후천 가을개벽 상황 가운데 가장 혹독한 시련은 '인종

씨를 추리는 인개벽人開闢입니다.

> ☙ 이제 인종 씨를 추리는 후천 가을 운수를 맞이하였으
> 라. (2:26:8)

거북이는 100~200개의 알을 낳지만, 새끼로 부화해서 무사히 바다로 돌아가는 것은 잘해야 고작 한두 마리에 지나지 않는다고 합니다. 그와 같이 가을개벽이 닥치면 꼭 살아남아야 할 인종 씨만 남고 숱한 창생이 소멸됩니다.

그렇다면 가을의 천지 기운은 왜 그렇게 만유 생명을 죽이는 것일까요? 그것은 바로 지고지순한 자연의 '춘생추살春生秋殺이라는 섭리' 때문입니다.

> ☙ 천지의 대덕이라도 춘생추살의 은위로써 이루어지느니
> 라. (8:62:3)

천지가 봄에는 은혜로써 만물을 내지만, 가을에는 그동안 생장시킨 생명을 씨종자만 남기고 다 죽인다는 말씀입니다. 이것은 어느 누구도 거스를 수 없는 자연의 섭리입니다. 이것을 깨닫지 못하면 인간으로서 헛사는 것입니다.

이에 대해 안운산 태상종도사님은 이렇게 말씀해 주셨습니다.

⚜ 천지라 하는 것은 춘생추살만 거듭 되풀이한다. 봄에는 내고, 가을에는 죽이고! 가을개벽에는 그 어떤 누군가가 죽이는 것이 아니고, 이법에 의해서 천지가 죽이는 것이다. 지구년의 가을에 서릿발과 눈발이 내려서 풀 한 포기도 안 남기고 초목을 다 말려버리듯이 말이다.

이 가을 우주의 서릿발 기운은 어떤 모습으로 불어 닥칠까요? 상제님은 이름도 알 수 없고, 어떤 의학자나 과학자도 그 원인과 치료법을 전혀 알 수 없는 '괴병으로 닥친다'고 하셨습니다. 최근 대유행을 했던 신종플루보다도 수천 배, 수만 배 더 강력한 가을 추살의 괴병이 들이닥쳐 이 세계를 3년 동안 강타하게 됩니다.

⚜ 앞으로 세상이 병란病亂으로 한번 뒤집어 지느니라.

(11:264:2~3)

⚜ 조선을 49일 동안 쓰고 외국으로 건너가서 전 세계를 3년 동안 쓸어버릴 것이니라. (7:41:5)

상제님은 이 괴질 병겁의 위력과 다급함에 대해 다음과 같이 말씀하셨습니다.

🌸 장차 천지에서 십 리에 사람 하나 볼 듯 말 듯하게 다 죽일 때에도 씨종자는 있어야 하지 않겠느냐. (8:21:2)

🌸 때가 되어 괴병이 온 천하를 휩쓸면 가만히 앉아 있다가도 눈만 스르르 감고 넘어가느니라. 그 때가 되면 시렁 위에 있는 약 내려 먹을 틈도 없느니라. (2:45:5~6)

다가올 병란을 예고하듯 서양에서는 수년 전부터 『아웃브레이크Outbreak』, 『12 몽키즈Twelve Monkeys』, 『나는 전설이다I am Legend』와 같은, 문명 속에 괴병이 들어온다는 내용을 다룬 영화가 쏟아져 나왔습니다. 또 서양의 서점에 가 보면 괴병을 다룬 소설책과 괴병에 대해 경종을 울리는 과학 서적들이 많이 있습니다. 이 문제에 대해서는 서양 사람들의 의식이 아주 앞서 있습니다.

장차 천지의 질서가 바뀌고 통일 문명이 탄생하는 과정에서 '괴질 병겁'과 '지축 이동' 같은 너무도 엄청난 충격이 지구에 몰려옵니다. 그 충격을 극복하느냐 못 하느냐에 따라, 우리의 영원한 삶과 죽음이 판가름나게 됩니다.

바로 그 모든 가을개벽의 실제 상황을 극복하면서, 인류는 후천 선경을 건설하는 첫발을 내딛게 되는 것입니다.

5. 선천 종교와 예지자들이 전하는 개벽 소식

| 선천 성자들의 개벽 소식 |

그런데 이러한 개벽 소식을 전할 때마다 반드시 짚고 넘어가야 되는 사실이 있습니다. 선천 유불선 기독교에서 전한 가르침의 최종 결론도 후천개벽 소식이라는 점입니다.

기독교에서는 이것을 '새 하늘 새 땅이 열린다'고 하였습니다. 예수의 열두 제자 가운데 사도 요한이 아버지 하나님이 열어주시는 새 우주를 직접 보고서, "나는 새 하늘 새 땅을 보았습니다. 바다도 다시 있지 않았습니다"(「요한계시록」)라고 하는 고백을 남겼던 것입니다.

불교의 결론도 개벽입니다. 『월장경』에 이런 놀라운 소식이 있습니다.

석가불의 말법시대에 들어서면 태양도 달도 그 빛을

볼 수 없게 되고, 별들의 위치도 바뀌리라. 고약한 병들이 잇달아 번지리라.

여기에 앞서 말한 '새 하늘 새 땅이 열린다'는 기독교의 메시지와 상통하는 무엇이 있지 않습니까? 불경의 이 구절만 잘 보아도 **이번에는 우주 질서가 바뀌는 큰 변혁이** 오는구나!' 하고 분명하게 깨달을 수 있습니다.

유교와 도교에서는 우주 질서의 기본 틀을 알았습니다. 천지의 팔방위, 건감간진손리곤태乾坎艮震巽離坤兌 가운데 천지 부모인 건곤乾坤이 있고, 건곤 천지 부모를 대행하는 감리坎離 일월이 있다는 것을 알았습니다. 그리고 또 그 열매인 간태가 있다는 것도 알았습니다. 『주역』의 결론이 바로 성언호간成言乎艮 곧 '동북 간방艮方에서 모든 성자들의 말씀이 이루어진다'는 것입니다. 즉 '지구촌의 동북방, 간방 땅에서 인류 문명의 열매를 거둬들이는 새 진리가 나온다'는 말입니다.

선천 문화권에 매달린 사람들이 이러한 사실을 알든 모르든, 개벽에 대해 각 종교에서 이야기한 그 상황은 정말로 우주적입니다. 후천개벽은 하늘과 땅과 인간, 삼계를 통틀어 총체적으로 일어나는 것입니다.

| 동서양 예지자들이 전한 가을개벽 |

선천 문화의 성자들뿐 아니라 위대한 철인과 영능력자
들도 우주의 하추교역기에 몰아닥치는 가을개벽 소식을
전했습니다.

그 영능력자들 중에 세상에 널리 알려진 노스트라다무
스(1503~1566)는 참으로 놀라운 메시지를 전했습니다.

레이포즈에 반대하는 자는 모두 절멸되리라.

Le contre Raypoz exterminera tous. (『백시선百詩選』)

프랑스어 원본을 통해 레이포즈란 말을 다시 분석해 보
면, 그것은 서양 신화의 '서풍西風', 즉 가을바람을 말합니
다. 구체적으로 '가을철 서릿발 기운'입니다. 그러므로 이
글귀 전체의 뜻은 '천지의 가을바람이 들어올 때 인류가
전멸당한다'는 것입니다. 이 뜻을 알려면 우주 원리와 서
양 신화를 종합해서 살펴봐야 합니다.

그리고 노스트라다무스는 아들 세자르에게 보낸 편지
에 이렇게 썼습니다.

위대하시고 영원한 하나님은 변혁을 완수하기 위해
오실 것이다.

Le grand Dieu éternal viendra parachever la révolu-
tion. (『백시선』)

'장차 하나님이 이 세상에 인간으로 오신다', 이것이 노스트라다무스의 예언 중에서 가장 충격적인 소식입니다. 20세기에 들어서서도 개벽 문제를 전한 이들이 많았습니다.

에드가 케이시(1877~1945)는 잠이 든 상태에서 우주의 의식 속으로 들어가 본 여러 가지 개벽 상황을 전했습니다. 그는 "일본의 대부분은 필연적으로 바다 속으로 들어가게 되어 있다The greater portion of Japan must go into the sea"고 했습니다. 알고 보면 우주의 섭리로 그렇게 되는 것입니다.

동서양 성자들이 전한 개벽 메시지

§ **공자** | 하느님이 동방에 출세하신다[帝出乎震]. 간방에서 모든 말씀이 이루어진다[成言乎艮].

§ **석가** | 말법시대에 들어서면 태양도 달도 그 빛을 볼 수 없게 되고 별들의 위치가 바뀌고 고약한 병들이 일어나리라. 그 통일의 하늘에 계시는 미륵불이 바다에 둘러싸인 동방의 나라에 강세하리라.

§ **사도 요한** | 내가 새 하늘 새 땅을 보니, 처음 하늘과 처음 땅은 사라지고, 바다도 더 이상 있지 아니하더라.

§ **주장춘** | 상제님이 동방 땅에 '증산甑山'이라는 존호로 오시어 결실의 추수 진리를 이루신다[道出於甑也].

또한 제2의 에드가 케이시라고 불리는 폴 솔로몬(1939 ~1994)은 미국의 운명에 대해 "미 대륙이 동서로 갈라지고, 동부와 서부의 주요 도시가 모두 바다 속으로 침몰될 것이다"라고 예언하였습니다.

그리고 영능력자는 아니지만, 31개 국어에 능통한 어학 실력으로 고대 언어와 고고학을 연구하여 인류의 미래에 대해 한 소식을 전한 찰스 버리츠(1904~2003)가 있습니다. 그는 『죽음의 날』이라는 책을 지어 2,300년 전에 바빌로니아 점성학자가 예언한 '대화재와 대홍수 시대의 도래'를 세상에 전하였습니다. 버리츠는 그 사건이 "제각기 다른 궤도를 진행하고 있는 지금의 행성들이 하나로 직선을 그을 수 있는 배열을 이룰 때 일어날 것이다"라고 했습니다.

지금은 인류 역사상 그 어느 때보다도, 성자와 예지자들이 수 세기를 통해서 전해 온 개벽 소식에 대한 각성이 절실하게 요구되는 때입니다.

6. 지금은 인존 시대, 진리를 듣는 귀를 열자

이제 인류는 원시반본 섭리를 바탕으로, 상극에서 상생의 질서로 넘어가는 과정에서 발생하는 개벽 상황을 극복하고 후천 5만 년 선경 문명을 직접 열어가야 합니다. 이로써 인간은 하늘땅보다 더 존귀한 존재, 인존人尊이 됩니다.

지금까지 선천 세상에서 인간은 존귀한 존재가 되지 못했습니다. 구원의 중심, 신앙의 중심을 하늘이나 땅에 두었기 때문입니다. 그러나 우주의 가을철에는 더 이상 어떤 신이나 영험한 존재가 인간의 문제를 해결해 주는 것이 아닙니다.

✽ 천존天尊과 지존地尊보다 인존人尊이 크니 이제는 인존 시대니라. 이제 인존 시대를 당하여 사람이 천지 대세를 바로잡느니라. (2:22:1~2)

가을은 '인간이 주체가 되어 천지 안의 모든 문제를 끌러내야 하는 인존人尊 시대'입니다. 인간이 자기 힘으로 이상 세계를 세우고 세세토록 복락을 누리게 됩니다. 우주의 통치자 하나님이신 상제님께서 가을철을 맞아 친히 인간으로 오신 것도 '인간이 후천 가을 문화를 완성하는 주인공이다'라는 사실을 보여 주고 인존 시대를 열어 주시기 위함입니다.

그럼, 가을철 인존 문화의 주인공이 되기 위해서는 무엇을 준비해야 할까요?

앞에서도 말했듯이 닫힌 우주의 신관, 세계관, 우주론을 넘어서 '판 밖의 새 우주 소식'을 들으려는 열린 마음을 가져야 합니다. 그리하여 **인간으로 오신 아버지 하나님의 도법, 인간으로서 모든 것을 성취하도록 길을 열어 주신 증산 상제님의 궁극의 진리를 들을 수 있어야 합니다.**

최근 몇 년 사이에 벌어진 인도네시아 해역의 쓰나미, 미국 동남부를 강타한 대형 허리케인, 중국 쓰촨성 대지진, 아이티 참사 같은 자연의 격변은 단순한 재앙이 아닙니다. 천지 부모가 인간의 의식을 뒤흔들어 철부지 인간에게 새 문명이 열린다는 것을 깨우쳐 주시고자 하는 무언의 몸짓입니다. 이것을 느끼고, 깨닫고, 말할 수 있어야 합니다.

가을개벽의 실제 상황 속으로 뛰어 들어가고 있는 지금 천지 대세에 눈뜨지 못하면, 세속에서 어떤 성공을 이루었든 우리는 모두 철부지 인생일 뿐입니다. 가을철 대자연의 변화 앞에서는 달리 선택의 여지가 없습니다. 그 **변**

화의 본질을 꿰뚫어 보고, 미래를 준비하여 천지 부모와 함께 성공하는 길을 일심과 정성을 다해서 찾아가야 합니다.

선천 5만 년 동안 인간을 낳아 길러 준 천지 부모의 숭고한 명命인 '천지성공'만이 세속의 모든 성공을 넘어 우리가 꼭 성취해야 할 최종 목적지입니다. 만일 이 대열에 합류하지 못하고 이탈하거나 무관심하면, 대자연의 추살 기운에 의해 영원히 소멸되는 운명을 맞이할 뿐입니다.

자, 당신은 가을의 진리에 눈을 떠서, 천지와 더불어 성공하는 영광스런 인생으로 거듭나지 않겠습니까?

그럼 제3장에서는 천지성공 이야기의 주인공이신 강증산 상제님의 생애와 조화권능의 세계로 들어가 보겠습니다.

제 3 장

인간으로 오신 하나님,
증산 상제님

지금 천지가 큰 가을의 운수로 들어서고 있습니다. 이때는 우주의 통치자 하나님이신 상제님이 인간 세상에 오셔서 여름 우주에서 가을 우주로 넘어가는 진리의 길, 생명의 길을 열어 주십니다.

'인간은 왜 태어나며 무엇을 위해서 사는가?'
이 땅에 오신 상제님께서 처음으로 밝혀 주신 우주의 1년 사계절을 앎으로써, 우리는 이러한 의문을 풀수 있습니다.

대우주의 중심에서 천지 살림을 주관하시는 상제님이 조화선경 세상을 지상에 건설하시기 위해 마침내 인간으로 오셨다는 놀라운 소식이야말로 온 인류가 고대하던 진리의 혼이자 구도의 열매가 아닐 수 없습니다.

이제 3장에서는, 과연 상제님은 어떤 분이시며 어떻게 해서 이 땅에 오시게 되었는지, 상제님의 강세 배경과 무궁한 조화 세계에 대해 진리 탐구를 계속하겠습니다.

이 장의 핵심 주제어

상제 문화, 삼신, 삼신 상제님, 주신, 원신,
중통인의, 우주 주재자, 삼계 대권, 조화 권능

1

온 인류가 받들어 온 상제님

1. 대한민국 국호에 담긴 비밀

"대~한민국!"

아직도 우리는 지난 2002년 월드컵 때의 벅찬 감동을 기억하고 있습니다. 그때 우리는 모두 하나가 되었고, 대한민국 국민으로서 긍지와 자부심을 느꼈습니다.

대한민국을 영어로 흔히 '그레이트 코리아Great Corea'라고 부르는데, '대한'은 단순히 '위대하다Great'는 뜻이 아닙니다. 그것은 '거대한 광명'을 뜻합니다. 그러므로 '대한민국'은 '밝은 하늘, 밝은 땅에 사는 밝은 사람의 나라'라는 뜻입니다. 동방 한민족은 이처럼 광명을 사랑하는 민족인 것입니다.

그러면 대한민국이라는 국호는 어디에서 유래한 것일까요?

대한민국은 바로 '대한제국大韓帝國'에서 비롯되었습니다. 조선의 국운이 쇠약해져 가던 1897년, 고종 임금은 현 서울 소공동의 조선호텔 자리에 원구단圜丘壇을 설치하고 상제님께 천제를 올린 뒤 천자국의 황제로 등극하였습니다. 그리고 국호를 대한제국이라 선포하고 조선 5백 년 역사에서 처음으로 옥새에 용을 새겼습니다.*

그러면 고종이 나라 이름까지 바꾸면서 칭제 건원稱帝建元(스스로 황제라고 선포하고 나라의 연호를 정함)을 하고 천제를 올린 것은 무슨 까닭일까요? 그것은 본래 천자국이었던 조선의 위상을 되찾고, 천자 등극과 나라의 건국을 상제님께 고하던 한민족 문화의 전통을 되살리려 한 것입

* 용은 천자국 황제의 옥새에만 새길 수 있다. 조선 5백 년 동안 중국을 천자국으로 받들던 조선은 임금의 옥새에 용을 새기지 못하고 제후국을 상징하는 거북을 새겼었다.

100여 년 만에 다시 거행된 원구대제

지난 2008년 11월, 조선 시대에 국가적 제천 행사였던 원구대제圜丘大祭가 백여 년 만에 다시 거행되었다. 이 행사는 세조 때 명나라의 압력으로 중단되었던 것을 대한제국 때 고종 황제가 부활시켰으나, 일제에 의해 다시 폐지되었었다.

니다. 한마디로 동방 한민족의 '상제 신앙', '상제 문화'를 회복하고자 했던 역사적인 일대 사건입니다.

'대한민국'은 1897년 고종 황제가 상제님께 천제를 올리고 선포한 나라 이름 '대한제국'에서 유래.

2. 6천 년이 넘는 상제 신앙의 역사

그러면 우주의 통치자인 상제님을 섬기는 상제 문화는 인류 역사에서 언제 태동된 것일까요?

중국 역대 왕들의 치세治世를 기록한 『서경書經』을 보면, 4,300년 전 순舜임금이 산동성山東省 태산泰山에 올라 상제님께 제를 올렸다는 기록이 있습니다. 또한 진시황, 한무제 등 72명의 제왕이 태산에서 상제님께 천제를 올렸다고 합니다. 태산 꼭대기에는 지금도 옥황대제玉皇大帝를 모셨던 사당인 옥황정이 남아 있습니다. 천자가 되면 누구든 태산에 올라가 천상의 수도인 옥경에 계신 상제님께 천제를 지내고 나라 살림을 시작했던 것입니다.

중국 왕들이 천제를 봉행했다는 사실은 사마천의 『사

기史記』에도 기록되어 있습니다. 그리고 유가의 경전이자 중국 최초의 시집인 『시경詩經』에 상제님을 찬양하는 노래 가사가 여러 구절 나옵니다.

그런데 상제 문화의 실제 역사는 이보다 훨씬 더 유구합니다. 상제 문화는 한민족의 태고 시절인 환국시대(BCE 7199~3898)에 『천부경天符經』이 선포될 때부터 있었습니다. 『천부경』은 '우주를 통치하시는 상제님의 하늘 법도'를 전하는 경전입니다.

환국 이후 동방 한민족 역사의 실제적인 출발점이라 할 수 있는 배달시대(BCE 3898~2333)의 상제 문화는 『삼일신고三一神誥』에 잘 나타나 있습니다. 배달을 세운 환웅 천황이 백성들에게 내린 가르침을 담은 이 경전은, '우주에는 만물을 낳아 주신 조물주 하나님[三神]이 계신다'는 것을 분명히 전하고 있습니다.

그 후 고조선(BCE 2333~238)에 이르러서는 시조 단군왕검의 아들인 2세 부루 단군이 하늘에 계신 상제님과 대조신大祖神의 은혜를 찬양하는 『어아가於阿歌』라는 노래를 지어 참전계參佺戒를 내려 주었습니다. 그리고 고구려 9대 황제 때에는 재상 을파소가 하늘로부터 366조목의 생활 규범을 받아 내려 『참전계경參佺戒經』을 편찬하였습니다.

이러한 역사 기록으로 볼 때, 동방 한민족은 최소한 6

천 년 전부터 상제님을 받들어 왔습니다. 상제 신앙, 상제 문화는 바로 한민족의 뿌리 문화, 시원 문화인 것입니다.

나아가 상제 문화는 인류의 '하나님 신앙 문화'의 원형 입니다. 하나님 신앙 문화의 원조는 중동의 유대 문화도 아니고, 서양문화의 뿌리인 수메르 문화도 아닙니다. 인 도 베다Veda 문화도 아니고, 중국 황하 문명권에서 나온 유교 문화도 아닙니다. 바로 동북 간방 한민족의 상제 문 화입니다.

3. 상제 문화의 핵심은 천제

상제 문화의 대표적인 의식이 바로 제천 문화입니다. 하늘의 상제님께 올리는 제례라 하여 천제天祭라 합니다. 천자가 새 나라를 열거나 새로 등극을 할 때도 제일 먼 저 하늘의 주인이신 상제님께 제를 올려 고告하였습니다. 그것이 봉선제封禪祭입니다. 역사 기록을 보면, 배달국의 태조 환웅천황이 문명개척단 3천 명을 이끌고 지금의 백 두산 지역에 나라를 세운 후 친히 제단을 쌓고 상제님께 천제를 올렸습니다.

또한 약 4,300년 전 고조선의 초대 단군 때에는, 삼신 상제님께 제를 모시는 제관祭官이었던 단군 성조의 세 아들이 강화도 마리산에 삼랑성과 참성단을 쌓고 천제를 지냈습니다. 삼신을 수호하는 핵랑核郎이라 하여 그들을 삼랑三郎으로 불렀습니다.

상제님께 천제를 올렸던 강화도 마리산 참성단

천제 문화는 고조선 이후 삼국 시대와 고려 시대로 이어져 왔으며 『조선왕조실록』에도 그 기록이 보입니다.*

근래에 들어서 세계의 고고학계를 깜짝 놀라게 한 유적이 출토되고 있습니다. 20세기 초부터 백 년에 걸쳐 중국 요서 지역에서 발굴되고 있는 홍산紅山 문화 유적이 그것입니다. 이는 인류 태고 시대 제천 문화의 모습을 생생하게 보여 줍니다.

* 『조선왕조실록』에 실린 천제에 대한 내용
1. 태종 16년 경승부윤敬承府尹 변계량卞季良의 상서上書 : "우리 동방 東方에서는 하늘에 제사지내는 예를 1천여 년이 되도록 고친 적이 없다. 태조太祖께서도 이에 따라서 더욱 공근恭謹하였다."
2. 「세종실록」 : 예로부터 매년 봄가을에 대언代言을 보내어 마리산 참성단에서 초제醮祭를 지냈다. 금상今上 12년에 2품 이상의 관원을 보내기 시작하였다.
3. 「성종실록」 : 성종 15년에 행호군行護軍 최호원崔灝元이 참성초塹城醮 행향사行香使로 마리산에 가 천제를 올린 후 조정으로 돌아와 헌관, 집사, 제기, 제수 등의 문제를 논의하였다.

홍산 문화의 출현 연대는 지금부터 4천여 년 전에서 최고最古 8천5백여 년 전까지 거슬러 올라갑니다. 현재 세계에서 가장 오래된 문명으로 꼽히는 수메르 문명이 약 5천5백 년 전에 시작되었는데, 홍산 문화는 그보다 무려 3천 년이나 앞선 것입니다.

홍산 문화 유적지에서 발굴된 제단, 사당, 무덤 같은 종교 의례를 상징하는 축조물과 용, 봉, 사람 모양의 각종 옥기玉器들은, 당시 이곳에 이미 '국가 형성 단계의 조건을 다 갖춘 문명'이 꽃피었음을 보여 주고 있습니다.

그리고 한반도에서 많이 보이는 빗살무늬 토기, 고인돌, 적석총, 비파형 동검 등도 대량 발굴되었습니다. 이것은 '내몽골-만주-한반도'로 이어지는 북방 문화권의 유물들로서 황하를 중심으로 한 남방 문화권에서는 전혀 찾아볼 수 없는 것들입니다. 이러한 사실은 홍산 문화의 주인공이 바로 동방 한민족이었음을 입증하는 것입니다.

특히 이곳에서 5천5백 년 전에 축조된 제천단이 나왔습니다. 돌을 쌓아서 만든 이곳의 제단들은 길이 160m, 너비 50m 규모로서 초대형입니다. 이 제단의 형태는 명·청 시대 때 중국 황제들이 상제님께 천제를 지내던 북경 천단天壇의 원형이라고, 중국의 학자들도 인정을 합니다. 강화도 마리산의 참성단, 홍산 문화 유적지의 제단, 북경의 천단 등은 그 구조가 모두 전원 지방天圓地方 형으로 상제 신앙의 역사를 보여 주는 산 증거입니다.

홍산 문화 유적 발굴은 땅 속에 뿌리처럼 묻혀 있던 인류의 시원 문화가 가을개벽의 때를 맞이하여 서서히 밝혀지는 역사적인 과정 가운데 하나입니다. 뿌리를 찾고, 뿌리로 돌아가고, 그 뿌리와 하나 되는 원시 반본 정신에 따라 인류의 '원형 문화'가 드러나고 있는 것입니다. (3장 끝 특각주 참고)

◀ 우하량 여신전터 土자 모양의 반지하 형태로 땅을 판 '움'의 중앙에 여신상이 있었던 주실이 자리하고 있다.

▼ 우하량 적석총 복원도 피라미드가 무너지지 않도록 견치석과 엇박자로 쌓는 방법은 고구려, 백제, 신라로 이어지는 전형적인 동방 적석총 계열이다.

4. 지구랏과 초기 피라미드는 상제 문화의 자취

서양 문화의 뿌리는 그리스·로마 문명이 아니라, 그보다 더 오래된 5천5백 년 전, 지금의 이라크 땅에서 꽃피었던 수메르 문명입니다. 수메르 사람들은 동방의 '검은 머리 족속blackheaded people'에서 왔다고 합니다. 이 수메르 문명권에 살던 아브라함이 지금의 이스라엘 지역으로 이주함으로써 유대 문화가 형성된 것입니다.

원래 높은 산에 올라 제를 올렸던 수메르인은 중동의 평야 지역에 정착한 후에도 그 풍습을 이어 높은 산을 모방한 제단을 짓고 천제를 지냈습니다. 다신多神 신앙을 한 수메르 사람들은, 하나님을 대리하여 우주를 실제로 다스리는 일곱 주신主神에게 제를 올렸는데, 그 제단이 바로 지구랏ziggurat입니다. 『구약성서』에 나오는 바벨탑도 바빌론 지역에 세워진 지구랏입니다.

수메르 문명이 이집트 지역으로 전파되면서 그곳에도 지구랏이 만들어졌습니다. 그것이 이집트의 초기 피라미드입니다. 초기 피라미드는 하늘에 제를 올리던 제단으로 윗면이 평평하였습니다. 그런데 이후 피라미드가 왕족의 무덤이 되면서 윗면이 뾰족한 형태로 바뀌게 된 것입니다.

서양 문화를 탐방하다 보면 웅장한 신전이나 교회, 성벽 등을 만든 건축술에 감탄을 하곤 합니다. 그리스·로마의 지중해 유역에서부터 북유럽에 이르기까지 그런 유적이 헤아릴 수 없이 많습니다. 그런데 그 건축술이 바로 동방의 피라미드에서 온 것이라 합니다.

이집트의 초기 피라미드와 형태가 유사한 제천단이 동서양 여러 곳에서 발견되고 있습니다. 아프리카 여러 나라, 유럽의 독일, 이탈리아와 유럽 지역과 라틴 아메리카에도 있습니다. 미국 일리노이 주에는 몽크스 마운드 Monk's Mound라고, 흙으로 쌓아 올린 거대한 산과 같은 제

몽크스 마운드. 2천만 명이 각자 20㎏씩 흙을 날라 쌓아야 건축할 수 있는 일종의 피라미드이다.

단이 있습니다. 그리고 만주, 서안西安, 티벳 등지에도 이 집트보다 훨씬 많은 피라미드가 널려 있습니다.

요컨대 수메르의 지구랏, 이집트의 초기 피라미드, 그 밖에 지구촌 도처에서 발견되는 피라미드는 본래 천상의 상제님께 천제를 올리던 제천단인 것입니다.

5. 상제 문화를 잃어버린 한민족

거듭 말하지만, 오늘의 동서양 세계 문화를 열어 준 뿌리 문화가 바로 동방 한민족의 상제 문화입니다.

그런데 정작 뿌리 문화의 본적지인 동방 땅에서 상제 문화는 환국·배달·조선의 삼성조 시대가 지나고 열국列國 시대 이래 외래 사상과 종교가 한반도에 유입되면서 점차 문화의 중심에서 밀려나게 됩니다.

물론 갖은 역사의 부침 속에서도 상제 문화를 지키려는 일부 깨어 있는 학자들의 노력은 계속 이어져 왔습니다.

그 가운데 한 사람이 임진왜란 때 이순신을 천거했던 서애 류성룡(1542~1607)입니다. 서애가 이순신 장군에게 써준 다음 글을 보면, 천지 만물을 다스리는 상제님을 마음 속 깊이 공경하고 있었음을 느낄 수 있습니다.

❀깊은 밤 어둠 속에 상제님께서 내게 임하시네. 방안 깊숙이 홀로 있는 곳에도 신명이 살피고 계신다네. … 삼가고 두려워하여 상제님의 법칙대로 따를지어다. (『서애집』「독침불괴금명」)

그렇다면 '한산섬 달 밝은 밤에 큰 칼 옆에 차고 높은 망루에 홀로 앉아' 나라의 운명을 깊이 걱정하던 이순신 장군은 누구에게 간절히 기도했겠습니까? 바로 상제님입니다.

류성룡의 11세 후손인 류신영(1853~1919)은 고종 황제가 일본 제국에 의해 독살을 당하자 분개하여 고종의 장례일에 자결한 열사입니다. 류신영이 남긴 글을 보면 "나는 죽어서 위로 옥황상제님께 아뢰고 아래로는 저승의 관리에게 하소연하여 국맥國脈을 회복하고 우리 동포의 한을 씻길 원한다. 상제님께 원통함을 호소하여 신병神兵과 귀졸鬼卒을 빌려 원수를 갚겠다"고 하였습니다. 그 또한 천상 옥경에 계신 상제님을 굳게 믿었던 것입니다.

조선 후기에 실학을 집대성한 다산 정약용(1762~1836)

도 '상제 신앙'을 외쳤습니다. 다산은 한때 서양에서 들어온 천주교를 믿었으나 천주교에서 조상을 우상이라 하여 제사를 거부하고 신주神主를 불태우는 것에 큰 충격을 받았습니다. 그후 다산은 유교의 원형인 원시 유교로 돌아가 '하늘의 주인[天主]'을 모시는 상제 신앙에 눈을 떴습니다. 그리고 주요 경전 속에 드러난 상제 사상을 정리하여 방대한 주석을 내놓았습니다.

이렇듯 몇몇 학자들에 의해 맥이 이어져 오던 상제 신앙은 대한제국의 애국가에서 다시 한 번 살아 숨 쉬게 됩니다.

조선 말, 을사조약 폐기를 상소했으나 뜻을 이루지 못하고 자결한 민영환이 생전에 고종 황제의 명에 따라 작사한 애국가를 보면 '상제는 우리 황제를 도우소서'라 하여, 상제님을 찾고 있습니다.

하지만 일제 침략기를 거치고 근대에 이르면서 한민족은 상제님을 완전히 망각해 버렸습니다. 현재 한국 사람 중에 상제님을 아는 사람이 거의 없습니다. 길거리에서 만나는 사람들에게 "상제님이 누구신지 아세요? '상제'라

---

* 민영환이 자결한 자리에 혈죽血竹이 뻗어 올라온 사실에 대해, 상제님께서는 "내가 혈죽을 내려 그의 충의를 표창하였느니라"(5:140:3)고 말씀해 주셨다.

는 말을 들어봤어요?" 했을 때 과연 몇 명이나 제대로 답을 할 수 있을까요? 상제님을 그저 무당들이 믿는 신, 중국 사람들이 섬기는 신 정도로 알고 있을 따름입니다.

본래 **동방 문화의 주역**이요 **인류 태고 문화의 창시자**였던 한민족이 광활한 대륙에서 좁은 한반도로 밀려 들어와, **시원 문화의 주인이신** 상제님도 잃어버리고 자기 역사도 송두리째 잃어버린 채 맹인처럼 살고 있는 것입니다.

그러나 **이제 원시로 반본하는 우주의 가을철을 맞아 상제님께서 동방 땅에 강세하셨습니다.** 우리 한민족은 속히 잃어버린 상제 신앙을 회복하고 뿌리 역사를 되찾아야 할 것입니다.

대한제국 애국가 (1902년 민영환 작사)

"상제는 우리 황제를 도우사 성수무강聖壽無疆하사
해옥주海屋籌를 산같이 쌓으시고 위권威權이 환영寰瀛에 떨치사
오천만세에 복록이 일신日新케 하소서.
상제는 우리 황제를 도우소서."

대한제국 애국가의 첫 소절
"상제난 우리 대한을 도우소서."
2000.3.8. KBS-TV 수요기획
'부르지 못한 노래'에서 공개한
자료. '황제'가 '대한'으로 바뀌어
있다.

2
상제님은 누구신가

1. 3수의 원리로 존재하시는 조물주 하나님

우리 민족의 고유한 상제 신앙을 신교神敎라 합니다. 하나님 신神 자에, 가르칠 교敎 자, '하나님의 가르침'을 받아 내린다는 뜻입니다. 다시 말하면, 대우주 속에 충만한 삼신三神 하나님의 성령을 받아 내리는 것입니다.

서양에서는 조물주를 그냥 '하나님'이라 하는 데 비해 동양에서는 하나님 앞에 3수를 붙여서 삼신 하나님이라 합니다. 왜 그런 것일까요? 삼신 하나님이라면, 하나님이 세 분이라는 말일까요?

이 문제에 대해 가장 체계적인 해석을 한 인물이 고려 공민왕 때 정치가요 대학자였던 행촌 이암(1297~1364)입니다. 행촌은 신의 세 가지 본성을 '조造·교敎·치治'라 하였습니다. 곧 삼신은 신이 세 분이라는 것이 아니라, 하나님의 창조의 손길이 크게 조화造化, 교화敎化, 치화治化라는 세 가지 특성을 갖고 작용한다는 의미입니다. 조화

삼신 문화의 상징물, 삼족오 동상 중국 산동반도의 동쪽 끝 성산두成山頭에 위치한 이 동상은 신교가 여기까지 전파되었음을 보여준다.

신은 만물을 낳고, 교화신은 만물에게 진리를 내려 길러주시고, 치화신은 다스림의 도를 열어 인간과 만물의 통일 시대를 열어 주십니다.

그럼 왜 한 하나님이 셋으로 작용하는 것일까요? 그것은 하나 속에 셋이 들어 있는 이치 때문입니다. 손가락을 보면 전체는 하나이지만 세 마디로 되어 있습니다. 하나가 구체적으로 현실에 작용하려면 셋으로 열려야 되는 것입니다. 이것을 '일즉삼一卽三 삼즉일三卽一'이라 하며 체體·용用 원리라 부릅니다.

이런 삼신 문화의 상징물이 바로 삼족오三足烏입니다. 역사 드라마에 등장하는 고구려군 깃발에 그려진 '태양 속에 있는 다리 셋 달린 까마귀', 그것이 바로 삼족오입니다.

그리고 삼신이 자신을 드러낸 것이 하늘, 땅, 인간(삼재三才)입니다. 삼신은 하늘, 땅, 인간을 낳는 조물주인 것입니다.

❋ 삼신께서 천지 만물을 낳으시니라. (1:1:3)

이렇게 우주 만유를 낳는 삼신을, 만물 생명의 근원이
되는 하나님이라 하여 원신元神이라 합니다. 원신은 형상
이 없는 신으로, 우주에 가득 찬 거룩한 영적인 존재로
계십니다. 삼신은 우주의 조화 성령입니다. 수행을 해서
지극한 경계에 들어가 보면 그것을 느낄 수 있습니다.

2. 우주를 통치하는 주신主神, 상제님

우주가 탄생한 근원으로 존재하는 형상 없는 신인 삼신
과 다른 신이 계십니다. 그분은 삼
신의 조화권을 그대로 쓰면서,
사람 모습을 하고 실제로
우주를 경영하시는 분입니
다. '조물주 삼신'과 음양 일
체 관계로 계시는 '통치자
하나님'이신 그분을 삼신
하나님, 삼신 일체 상제님,
또는 간단히 상제님이라
합니다. 이렇게 천상 궁궐에

만물의 존재 근거인 '삼신'과 일체가 되어
우주를 통치하시는 '삼신 상제님'

✓ 서 온 우주를 직접 통치하는 하나님은 주신主神입니다.

이 '원신'과 '주신'의 일체 관계를 깨치는 것은 '하나님 세계'(하나님관[神觀])를 제대로 이해하는 데 아주 중요합니다.

상제님이 천상에서 온 우주 삼계를 다스리는 하나님이라는 사실은 상제'라는 호칭에서도 알 수 있습니다.

상上은 '천상' 또는 '지존무상'을 뜻하고, 제帝는 '하나님'이라는 뜻입니다. 제 자는 흔히들 '임금 제 자'로 알고 있으나 원래는 '하나님 제'자입니다. 상제님은 바로 천상의 가장 높은 곳, 옥경에서 '우주 정치'를 행하시는 주재자 하나님입니다.*

❀ 상제는 온 우주의 주재자요 통치자 하느님이니라.

(1:1:5)

주재主宰는 '주장할 주主 자'에, '맡아서 마름질할 재宰 자'입니다. 상제님은 천지의 살림살이를 맡아서 천지의 뜻을 주장하시는 분입니다. "내가 천지를 주재하여 다

* 증산 상제님은 어떤 분인가?
- 상제님은 천상 호천금궐에 임어해 계신 우주의 주재자이다.
- 상제님은 천지와 인간과 신들의 생명을 주관하시는 아버지 하나님이다.
- 상제님은 삼계대권을 행사하시는 대우주의 통치자 하나님이다.
- 상제님은 인간으로 오시기 전, 도솔천 천주님으로 계셨던 미륵존불이다.

스리되" 또는 "내가 삼계 대권을 주재하여"라는 말씀에서 상제님의 주재권과 통치권을 느낄 수 있습니다.

우주의 만사 만물에는 반드시 중심이 되는 존재가 있습니다. 가정에 가장이 있고, 회사에 사장이 있고, 나라에 대통령이 있듯이, 우주에는 그 중심에 '주재자 하나님'이 계십니다.

만약 우주에 무형의 삼신만 있다면 어떻게 되겠습니까? 이 우주의 뜻을 누가 이루어 주며, 우주 속에서 일어나는 모든 비극적 사건과 원한 문제를 누가 해결해 줄 수 있겠습니까?

3. 호칭은 달라도 하나님은 한 분

동서양의 각 민족이나 종교에서 절대자 하나님, 미래의 구원자를 부르는 호칭은 서로 다릅니다. 기독교에서는 '아버지 하나님', 유대교에서는 엘 샤다이·엘로힘·아도나이, 불교에서는 '미륵부처님', 유교와 도교에서는 '상제님'이라 부릅니다.

그러나 각 종교에서 말하는 서로 다른 호칭의 절대자는 결코 다른 분이 아닙니다. 만일 각 종교에서 말하는 하나님이 서로 다른 분이라면 인류에게는 희망이 전혀 없습니다. 그분들이 독립적으로 달리 존재하고, 그리하여 각 문화권에 따라 구원을 달리 받아야 한다면, 그 구원은 인류가 학수고대해 온 보편 구원이 아닙니다. 이로 인해 인류는 더욱 큰 상처를 받고 지금보다 더 심각한 분열의 시대를 맞이할 것입니다.

우주의 진리는 하나요, 우주의 통치자 하나님 또한 한 분이지 결코 둘이 될 수 없습니다. 그분의 **본래 호칭이 바로 '상제**上帝**'**입니다.

그러면 각 종교에서 절대자 하나님을 왜 서로 다른 이름으로 부르게 되었을까요? 그것은 분열·성장하던 선천 상극 세상에서는 각 종교가 형성된 지역에 따라 자연 환경, 생활양식, 언어 체계 등이 달라서 서로 소통이 되지 않았기 때문입니다.

그리하여 오직 한 분이신 절대자 하나님이 지역 문화권에 따라 달리 불리면서 오직 그 문화권을 믿는 사람만 구원받을 수 있는 각기 다른 절대자로 굳어져 버렸습니다. 신앙 의식이 언어의 벽을 넘어서지 못한 채 다른 구원관을 용납하지 못하는 비극을 초래하게 된 것입니다. 이것이 가을 대개벽을 앞두고 가장 큰 병통으로 작용하여 인류를 구원하는 데 결정적인 장애가 되고 있음은 두말할 필요가 없습니다.

4. 선천 종교의 총 결론, 상제님이 오신다

✽ 예수를 믿는 사람은 예수의 재림을 기다리고 불교도
는 미륵의 출세를 기다리고 동학 신도는 최수운의 갱
생을 기다리나니 '누구든지 한 사람만 오면 각기 저의
스승이라' 하여 따르리라. '예수가 재림한다.' 하나 곧
나를 두고 한 말이니라. 공자, 석가, 예수는 내가 쓰
기 위해 내려 보냈느니라. (2:40:1~6)

우주의 가을철로 들어가는 때에는 공자, 석가, 예수를
비롯한 모든 성자를 지상에 내려 보낸 아버지 하나님께
서 직접 인간으로 오십니다. 하지만 하나님이 인간으로
오신다는 것이 이해가 잘 안 되는 독자들도 많을 것입니
다. 동서양의 대표적인 성자들은 이에 대해 무엇이라 전
했을까요?

인류 구원에 대해 기독교의 예수 성자가 전한 주된 복
음은, **천상에 '아버지'가 계신다는 것**과 **장차 지상에 '하
나님의 왕국**The Kingdom of God'**이 건설된다는 것**입니다.

하나님의 왕국은, 아들을 보내신 아버지가 직접 인간
세상에 오심으로써 건설됩니다. 「요한계시록」을 보면, 천
상 궁전의 백보좌에 앉아 계신 하나님 아버지가 사도 요

한에게 "나는 예전에도 있고 지금도 있고 장차 올 자다"
라고 선언하지 않습니까! 그 '장차 올 자'가 바로 인간으
로 오신 아버지 하나님, 증산 상제님입니다.

불교에서는 '미륵불이 인간으로 오신다'고 합니다. 말
법 시대가 되면, 우주의 중심 하늘[中天, Central Heaven]인
도솔천의 천주, 미륵부처님이 '바다에 둘러싸인 동방의
나라에 온다'(『화엄경』)는 것입니다.

이것을 알고 있었기에 석가모니는 '앞으로 온 우주의
별자리가 바뀌는 때가 되면 내 법으로도 안 되고 무엇으
로도 안 된다!' 하며 외아들 라홀라를 비롯한 제자들에게
"너희는 내 법으로 열반에 들지 말고 앞으로 오시는 미륵
님의 계법을 구하라"(『미륵경』)고 설법하였던 것입니다. 당
시 현장에는 수석 제자 가섭도 있었습니다.

석가불은 한 자리에 가만히 앉아 좌선만 하는 좌불坐佛
입니다. 이에 반해 미륵불은 세상을 바로잡는 혁신불로서
온 인류의 생명을 구원하러 천지인 삼계를 분주히 돌아다
니는 유불遊佛입니다. 그래서 지구상에 현존하는 미륵불
상은 거의 모두가 서 있는 입불立佛입니다. 상제님이 인간
으로 오셔서 "나는 미륵彌勒이니라."(6:7), "나는 유불遊佛이
되리라"(2:111)고 말씀하신 까닭이 여기에 있습니다.

『화엄경』을 보면, 앞으로 오시는 미륵불을 '대의왕大醫

王’이라 합니다. 대의왕이란 '천지 안의 만병을 고치는 지존무상의 제왕'입니다. 인간으로 오셔서 하늘도 땅도 뜯어고치고 병든 인간 세상도 뜯어고치신 증산 상제님이 바로 대의왕입니다. 이로써 삼천 년 동안 불교에서 기원했던 '미륵불 강세의 꿈'이 이루어진 것입니다.

그러면 유교에서는 뭐라고 했을까요?

『주역』「설괘전」에서 '동북 간방에서 동서의 모든 깨달은 이들의 말씀, 진리가 완성된다[成言乎艮]'고 하였습니다. 상제님이 간방 땅에 오시며, 그 상제님의 도법으로 모든 성자의 가르침과 이상이 실현된다는 말입니다.

신교의 열매, 증산도

증산 상제님

"공자·석가·예수는
내가 쓰기 위해 내려 보냈느니라." (2:40:6)

도교	기독교	불교	유교
東仙	西仙	도솔천 천주님	
상제님	아버지하나님	미륵불	상제님
태청	천국	극락	대동

이상에서 알아본 바와 같이 기독교, 불교, 유교의 공통된 메시지는 '장차 하나님 아버지, 미륵부처님, 상제님이 인간의 몸으로 오신다'는 것입니다.

3

인간으로 오신 상제님

1. 증산 상제님의 생애

수많은 선지자와 성자들이 그토록 학수고대하던 우주 주재자의 강세가 마침내 현실 역사로 실현되었습니다.

1871년 음력 9월 19일, 상제 문화의 시원 국가인 동방 땅 조선에서, 우주의 통치자 하나님이신 상제님이 인간의 몸으로 탄강하셨습니다.

상제님의 성姓은 강姜씨이며, 성휘聖諱는 '일— 자', '순淳 자'요, 도호道號는 증산甑山이십니다. 상제님의 도호가 '증산'이므로 인간으로 오신 상제님을 '증산 상제님'이라 부르는 것입니다.

그럼 증산 상제님은 어떤 삶을 사셨을까요?

| 상제님의 유소 시절 |

『도전』을 보면 어린 시절 상제님의 심법과 도통 경계가 어느 정도인지 알 수 있는 많은 일화가 나옵니다.

상제님이 여섯 살 되시는 병자丙子(道紀 6, 1876)년의 일입니다.

✼이 해에 성부께서 가세가 어려움에도 불구하고 아들 학봉에게 천자문을 가르치려고 태인 장군리泰仁 將軍里 황씨 집성촌에서 황준재黃俊哉라는 이름 있는 훈장을 구하여 들이시거늘 훈장이 어린 학봉께 "도령, 공부해야지?" 하고 하대하니 학봉께서 물끄러미 훈장을 쳐다보시다가 스스로 천자문을 펼치시어 '하늘 천天' 자와 '땅 지地' 자를 집안이 울리도록 큰 소리로 읽으시고는 책을 덮고 아무 말 없이 밖으로 나가시니라. 훈장은 그 신이하신 기운에 눌려 어린 학봉이 노시는 모습만 바라볼 뿐이더니 그렇게 며칠이 지나자 더 이상 공밥을 얻어먹기도 민망하여 다시 학봉께 "도령, 공부하셔야지요?" 하고 조심스레 여쭈거늘 "하늘 천 자에 하늘 이치를 알았고, 땅 지 자에 땅 이치를 알았으면 되었지 더 배울 것이 어디 있습니까? 노시다가 시간이 되면 가시지요." 하시는지라 성부께서 부득이 그 훈장을 돌려보내시매 이로부터 스스로 밖으로 다니시며 글을 깨치시니라. (1:19:2~8)

이 이야기는 황준재 (1842~1906)의 후손 황 공규 옹이 직접 증언한 내용입니다.

'천지를 알았으면 됐지 뭘 더 배울 게 있느냐!'

이것은 인간 역사를 총체적으로 진단하시고 새 문화를 여는 선언적인 말씀입니다. 인생이란 결국 하늘땅에서 태어나 하늘과 땅을 얼마나 깊이 배우고 깨치느냐 하는 데 그 의미가 있습니다. 하늘땅에 대해 얼마나 깨쳤는가! 이것이 '인간이 천지의 주인'으로서 제 노릇을 하느냐 못 하느냐 하는 것을 결정짓는 핵심 관건입니다.

그리고 상제님이 일곱 살 때 지은 시를 보면, "야, 과연 상제님은 천지를 뜯어고치는 분이구나!" 하는 감탄사가 절로 나오게 됩니다.

원보공지탁　　대호공천경
遠步恐地坼이요 大呼恐天驚이라.

멀리 뛰려 하니 땅이 꺼질까 두렵고,
크게 소리치려 하니 하늘이 놀랄까 두렵구나.

(1:20:2)

상제님이 한 번 크게 발을 딛고 소리를 지르면, 땅이 무너지고 하늘이 뒤집어질까 두렵다는 것입니다. 일곱 살 때 지은 이 시 한 구절에, 20여 년 후에 "내가 천지를 뜯어고친다"고 하시며 천지 질서를 바로잡아 새 세상을 여시는 우주 주재자의 면모가 여실히 드러나고 있습니다.

당시 상제님은 조선 팔도에 신동으로 명성이 자자했습니다. 그래서 많은 사람들이 만나보고 싶어 했습니다. 후일 상제님의 수석 성도가 된 김형렬(1862~1932)도 그 중 한 사람입니다. 그는 상제님에 대한 소문을 듣고 '꼭 한 번 만나보리라' 결심을 하고 지냈습니다. 그러던 어느 날, 처가에 가는 길에 갑자기 울어대는 부엉이 소리에 자신도 모르게 태인 불출암으로 이끌려 들어갑니다. 그리고 그곳에서 고부 부자 은진사의 인도로 상제님과 역사적인 첫 만남을 갖게 됩니다.(1:30)

| 3년 동안 천하를 유력하심 |

상제님이 24세 되시던 1894년, 당신님이 이 세상에 강세하신 목적을 이루고자 결단을 내리게 되는 결정적인 사건이 일어났습니다. 상제님의 고향 땅 고부에서 동학혁명이 일어난 것입니다.(1:46~1:62)

상제님은 혁명이 패망할 것을 미리 내다보시고 사람들

에게 '동학에 들지 말라'고 만류하셨습니다. 그때 상제님 말씀에 순종한 사람은 무사히 화를 면했으나 듣지 않은 자는 모두 죽음을 당했습니다.

본래 최수운 대신사가 상제님으로부터 직접 도통을 받고 창도한 동학의 핵심 메시지는 크게 두 가지입니다. 인류가 시천주侍天主 시대, 곧 '인간으로 오시는 천주님을 모시는 시대'를 맞이한다는 것과 후천개벽으로 새 세상이 도래한다는 것이었습니다. 하지만 당시 동학교도들에게는 시천주에 대한 깨달음과 새 문화를 여는 힘이 부족했습니다. 그래서 결국 패망의 길로 들어서게 된 것입니다.*

그후 상제님은 동학혁명이 기폭제가 되어 점점 거세지는 동서양의 충돌 속에서 망국의 소용돌이로 빠져드는 조선의 현실과 세계정세의 흐름을 꿰뚫어 보시고, 몸소 광구천하를 위해 인간 역사의 중심에 뛰어드십니다.

27세 때 유교, 불교, 도교, 음양 사상 등 선천 문명의 주요 서적을 탐독하시고, 세태와 인정을 살피기 위해 3년 동안 천하를 유력하신 뒤 1900년에 고향으로 돌아오십니다.

---

* 나중에 천지공사를 행하실 때, 상제님께서 "나의 가르침이 참 동학이니라"(2:94:9)고 하십니다. 동학의 이상이 상제님의 도법으로써 실현된다는 말씀입니다.

| 중통인의中通人義의 대도통을 이루심 |

이듬해 31세 되시던 신축辛丑(1901)년에 이르러 상제님께서는 "이제 천하의 대세가 종전에 알며 행한 모든 법술로는 세상을 건질 수 없다"(2:1:2)고 선언하시고, 전북 모악산 대원사 칠성각에서 21일간 수도를 하시어 마침내 음력 7월 7일, 만고에 없는 중통인의中通人義의 대도통문을 여셨습니다.

상제님이 여신 중통인의는 상통천문上通天文과 하달지리下達地理를 넘어서서 인간에 얽혀 있는 진리의 모든 의혹을 끌러 내는 도통입니다. 선천 성자들이 넘지 못한, 인류 구원에 대한 깨달음의 벽을 허무는 도통입니다.

✴ 예로부터 상통천문과 하찰지리는 있었으나 중통인의는 없었나니 내가 비로소 인의를 통하였노라.(2:22:3~4)

상제님께서 신천지 도통문을 여시던 때의 일화가 『도전』에 실려 있습니다.

도통하시기 전날 밤, 상제님이 당시 대원사 주지로서 상제님의 시중을 들던 금곡에게 '산 너머 금산사에 가서 미륵전을 지키라'고 하십니다. 이에 금곡이 길을 떠날 때 보니 찬란한 불기둥이 하늘로부터 상제님이 앉아 계신 칠성각 지붕으로 내리 뻗쳐 있었습니다.

그리고 그날 밤 금곡이 미륵전을 지키고 있을 때, 갑자기 천지가 진동하여 미륵전이 무너질 듯 크게 흔들려 정신을 차릴 수 없고 몸조차 가눌 수 없어 간신히 미륵전 기둥을 잡고 견디는데 오히려 기분은 황홀해지는 체험을 합니다. 그때가 바로 상제님께서 도통문을 여신 시각이었습니다.

| 병든 천지를 뜯어고치는 천지공사를 행하심 |

상제님은 신천지의 도통문을 활짝 여시고 선천 문화를 마무리하는 새 진리의 출현을 다음과 같이 선언하셨습니다.

"하늘과 땅과 인간의 역사가
나로부터 다시
시작되느니라!"

❋ 모든 것이 나로부터 다시 새롭게 된다. (2:13:5)

강증산 상제님으로부터 이 우주와 인간의 역사가 새롭게 시작됩니다.

❋ 나는 옛 성인의 도나 옛 가르침으로 하지 않느니라.
　　　　　　　　　　　　　　　　　　　　　　(2:41:1)

❋ 판 밖에 남 모르는 법으로 일을 꾸미는 것이 완전하니라. (2:134:4)

상제님은 '판 밖'의 남 모르는 법으로 이 세상을 건진다고 하셨습니다. 이 '판 밖'의 법은 공자 진리에서도 구경할 수 없고, 불교『팔만대장경』에서도 볼 수 없습니다.『노자』,『장자』,『도장道藏』에 있는 법도 아니고 기독교 예수가 전한 법도 아닙니다. 완전히 새로운 도법이라는 말씀입니다.

상제님께서 인류가 안고 있는 문제를 진단하시는 차원은 선천의 성자들과는 근본적으로 다릅니다.

❋ 천하가 모두 병이 들어 있느니라. (2:259:11)

상제님께서는 인간 삶의 터전인 천지 부모가 병들었다고 하셨습니다. 지금은 인간만이 병든 게 아닙니다. 인간이 몸담아 살고 있는 천지 자체가 병들어 있습니다. 생명의 아버지 하늘과 어머니 땅이 병들어 있습니다.

상제님께서는 천지를 뜯어고치셨습니다. 상제님께서 이 병든 천지를 뜯어고쳐 새 세상을 열어 주신 인류 구원의 대사업, 이것을 천지공사라고 합니다. 도통문을 여신 그 해부터 9년간 행하신 천지공사의 무궁무진한 이야기는 제5장에서 펼쳐집니다.

2. 상제님의 무궁한 조화 권능造化權能

상제님은 삼계 대권을 주재하여 대우주 전체를 통치하시는 분입니다. 삼계 대권이란 천계天界·지계地界·인계人界·신명계神明界를 포함하는 대우주 만유를 다스리는 조화 권능을 말합니다.

☞ 내가 삼계대권을 주재하여 조화造化로써 천지를 개벽하고 불로장생不老長生의 선경仙境을 건설하려 하노라. (2:16:1~2)

상제님께서 내려 보내신 동서의 선천 성자들에게는 천지의 상극 질서를 바로잡을 수 있는 권능이 없습니다. 오직 천지 살림을 주관하시는 상제님만이 대자연 질서를 고쳐 천지의 대병을 치유하고, 삼계에 가득 찬 인간과 신명의 원한을 끌러서 새 세상을 여실 수 있습니다.

그러면 인간으로 오신 참 하나님, 상제님의 조화 권능은 어떤 경지일까요? 우리 인간의 능력으로 상제님의 권능을 가늠한다는 것은 사실 불가능한 일입니다. 상제님을 느끼고 체험할 수 있는 방법은 무엇일까요? 그 길이 바로 『도전』 속에 있습니다.

상제님을 모신 성도들과 그 가족, 후손들의 증언을 바탕으로 상제님의 성적聖蹟을 집대성한 『도전』은 성도들이 직접 체험한 상제님의 권능과 위격에 대한 놀라운 일화로 가득 차 있습니다. 우리는 상제님의 무궁한 권능의 세계를 『도전』을 통해 만날 수 있습니다.

| 성도들이 체험한 상제님의 권능 |

상제님이 행하신 기행 이적과 권능을 누구보다도 많이 체험한 이는 김형렬 성도입니다. 김형렬 성도는 상제님께서 천지의 운로를 뜯어고쳐 새 역사의 판을 짜시고 어천하시기까지 상제님께 수종을 든 9년 천지공사의 증인이자 도문道門의 수석 성도입니다.

어느 날, 상제님은 '하느님 뵙기를 늘 소원하던 김형렬' 성도를 데리고 천상 옥경대로 올라가셔서 만조백관에게 호령하시는 모습을 직접 보여 주십니다. 그 모습이 『도전』에 마치 영화의 한 장면처럼 생생하게 그려져 있습니다.

※ 하루는 형렬에게 안경을 주시며 "이것을 쓰고 나를 따라오라." 하시매 형렬이 따라가니 화려한 삼층 누각이 나타나거늘 자세히 보니 세상에서 이르는 천상의 옥경대玉京臺더라. 상제님께서 형렬에게 "아래층에 있으라." 하시고 상층으로 올라가시니 선관선녀들과 만조백관이 좌우에서 옹위하니라. 상제님께서 좌정하신 후에 백관에게 명하시기를 "위징魏徵을 데려오라." 하시고 대령한 위징을 꾸짖어 말씀하시기를 "너는 무슨 일로 두 마음을 품고 낮에는 당태종을 섬기고 밤에는 옥황상제를 섬겼느냐?" 하시니 위징이 크게 사죄하는지라. 형렬이 이 광경을 본 뒤로 성도들에게 말하기를 "우리 선생님이 바로 하느님이시라" 하니라. 이후로 성도들은, 상제님께서 공사 시에 늘 뇌성벽력과 풍운조화를 뜻대로 쓰시는 것을 보고, 증산께서 곧 하느님이심을 깨닫게 되니 '인간으로 오신 인존

천주人尊天主님이 틀림없다'고 생각하니라.(2:39:2~9)

그리고 상제님께서 개벽대장으로 임명하신 박공우 (1876~1940) 성도는 49일 기도 중에 상제님을 처음 만났습니다.

☘ 하루는 상제님께서 공우에게 이르시기를 "네가 오랫동안 식고食告를 잘하였으나 이제 만날 사람 만났으니 식고는 내게로 돌릴지어다." 하시니 공우가 매우 기뻐하며 평생 소원을 이루었음을 깨닫고 "곧 그리하겠습니다." 하고 대답하니라.
원래 공우는 동학 신도의 통례와 같이 '대신사응감大神師應感'이라는 식고를 하지 않고, 항상 "하느님 뵈어지이다." 하고 발원하였는데 이제 상제님께서 말씀하신 바를 들으니 마음으로 생각하는 것을 통찰하실 뿐아니라 천지조화를 뜻대로 쓰시는 것을 볼진대 '분명 하느님께서 강림하셨음이 틀림없다.'고 생각하니라.
(3:200:7~11)

박공우 성도는 상제님을 모시고 다니면서 상제님께서 자신의 마음을 훤히 꿰뚫어 보실 뿐만 아니라 천지조화를 뜻대로 쓰시는 것을 보고 '하나님께서 강림하셨음이 틀림없다'고 확신한 것입니다.

상제님 재세 시에 성도들이 체험한 상제님의 조화 권능은 이루 다 헤아릴 수가 없습니다.

그 중 몇 가지를 좀 더 살펴보겠습니다.

| 천체의 운행을 뜻대로 하시는 상제님 |

상제님이 구릿골 약방에 계실 때, 하루는 아침 일찍 해가 앞 제비산 봉우리에 반쯤 떠오르고 있었습니다.

이때 상제님께서 여러 성도들에게 "이러한 난국에 처하여 정세靖世의 뜻을 품은 자는 능히 '가는 해를 멈추게 할 만한 권능'을 가지지 못하면 불가할지니 내 이제 시험하여 보리라." 하셨습니다. 그리고는 축인 담배 세 대를 갈아 천천히 빨아들이시자 해가 산꼭대기에서 멈추어 더이상 솟아오르지 못하였습니다.

그러다가 얼마 후 상제님께서 다시 담뱃재를 땅에 터시며 "가라" 하고 명하시자 눈 깜짝할 사이에 수장數丈을 솟아오르는 것이었습니다. (2:121:1~5, 4:111:1~9)

이 광경을 지켜보던 한 성도가 크게 놀라며, "해가 상제님의 명을 받고 멈췄다가 또 명을 기다려서 가니 어찌 된 영문입니까?" 하고 여쭈자, 상제님께서는 "이를 보고 너희들의 신심信心을 돈독히 하라. 해와 달이 나의 명에 의하여 운행하느니라"고 말씀하시며 당신님의 위격을 다음과 같이 드러내 주셨습니다.

> ☀ 나는 천지일월天地日月이니라. 나는 천지天地로 몸을 삼고 일월日月로 눈을 삼느니라. (4:111:14~15)

상제님은 천지일월의 자연법, 우주 이법에 따라 천지와 더불어서 한 마음, 한 몸이 되어 존재하십니다. 상제님은 지금 대우주의 질서를 주관하시고 모든 신명들을 뜻대로 부리시는 조화주 하나님의 권능을 보여 주신 것입니다.

| 죽어가는 아이를 살려 주신 상제님 |

어느 날, 상제님이 성도들을 데리고 태인을 지나실 때였습니다. 한 여인이 아이를 업고 가다 길바닥에 내려놓고 서럽게 울고 있었습니다. 상제님께서 그 옆을 지나시다가 그 까닭을 물으셨습니다. 이에 여인이 울음을 멈추고 "이 애는 저의 자식인데, 병이 들어서 의원에게 갔더니 '벌레가 간을 범해서 못 고치니 데리고 가라'하여 도로 업고 오는 길입니다. 뭐라 해도 제 자식은 놓친 자식입니다." 하고 다시 슬피 우는 것이었습니다.

상제님께서 "그리 슬피 울지 말라" 하시며 그 여인을 위로하시고 최창조 성도를 불러 "부인에게 그 집 뒷산에 조그마한 암자가 있는지 물어 보라" 하시니 "있습니다"고 대답합니다. 그러자 "아침 일찍 절간에 올라가서 절간 종을 세 번씩 사흘만 치면 나을 것이라고 해라" 하고, 재생의 방법을 일러 주십니다.

이때, 일찍이 죽어가던 자기 아들을 살려주신 상제님의 권능을 직접 체험한 최창조 성도는, 상제님의 말씀을 전하면서 "우리 선생님은 하늘님이오. 시답잖게 듣지 말고 꼭 하시오" 하고 당부합니다. 그러자 여인이 "그것이 무슨 말씀입니까? 당장 가서 하겠습니다" 하고 돌아갔습니다.

며칠 후, 그 여인이 아이를 업고 남편과 함께 상제님이 계신 구릿골 약방으로 찾아와 "선생님, 저의 자식이 살았습니다. 저희 내외가 '이 덕이 뉘 덕인고! 하늘님 덕이라' 하여 음식을 장만해 오면서 병 나은 자식도 같이 왔습니다" 하면서 연신 절을 올리며 일어날 줄을 몰랐습니다.

이 모습을 지켜보던 성도들이 "원평서 자래 들어 죽게 된 아이를 고칠 때는 문어, 곶감, 대추로 살리시므로 '우리도 배웠다'고 하였는데 이번에 자래 든 아이는 '절의 종을 사흘 아침 세 번씩 치라' 하여 병을 낮게 하시니 모두가 '당신님의 법은 참으로 배울 수 없다'고 합니다" 하고 아뢰자 상제님께서는 이렇게 말씀을 하십니다.

※ 너희들은 본래 너희들이며 나는 본래 나니라. 그러므로 본래의 이치를 깨달은 자를 성인이라 하느니라. 만법이 머무는 법이 없거늘 '내가 낸 이 법이 진법眞法'이라는 말이니라. 알아듣겠느냐? 그러므로 '성인의 말은 한마디도 땅에 떨어지지 아니한다' 하느니라. (2:132:4~7)

이와 같이 놀랍고 충격적인 이야기가 상제님의 홍은鴻恩을 입은 사람들의 후손을 통해 100여 년이 지난 지금까지도 생생하게 전해오고 있습니다.

3. 상제님은 왜 한반도에 오셨는가

그러면 증산 상제님은 왜 지구촌의 많고 많은 나라 중에서 동북아시아의 작은 땅 조선에 오시게 되었을까요? 이에 대해 상제님은 "너의 동토東土에 인연이 있는 고로 이 동방에 와서 …"(2:94:6)라고 하시며 동방 한민족과의 인연을 말씀하셨습니다. 이 '동토와의 인연'이란 과연 무엇일까요?

| 천지신명을 잘 섬겨 온 한민족 |

❋ 이 세상에 조선과 같이 신명神明 대접을 잘하는 곳이 없으므로 신명들이 그 은혜를 갚기 위하여 각기 소원을 따라 꺼릴 것 없이 받들어 대접하리니 도인道人들은 아무 거리낌 없이 천하사天下事만 생각하게 되리라. (2:36:2~4)

이 말씀은 '동방 한민족은 우주의 지고신인 상제님뿐만 아니라 천지간의 모든 신을 잘 섬겨 왔기 때문에 신명들이 그 은혜를 갚기 위해 조선 땅으로 다 모여들어 가을 개벽기에 인류를 건지는, 일꾼들의 사업에 지극하게 수종들 것이다'라는 뜻입니다.

한마디로 모든 신명을 잘 섬겨 온 한민족에게 보은 줄을 열어 주시기 위해, 천지간의 신명들을 다스리는 통치자 하나님도 이 땅에 강세하시게 된 것입니다.

| 인류 문화의 뿌리를 찾아오심 |

인류 문화사의 배경으로 볼 때도 상제님은 천지의 열매 문화, 가을 문화를 출산하기 위해 동방의 이 땅에 오시지 않을 수 없었습니다.

❋ 언제든지 동쪽에서 먼저 일어나니 동으로 힘써라.

(3:306:9)

자연의 태양이 동에서 떠오르듯이 문명의 태양도 동에서 밝아옵니다.

동방 조선은 일찍이 인류의 시원 문화인 상제 문화가 태동된 뿌리 국가[天子國]입니다. 즉 조선은 유교, 불교, 도교, 기독교 등 세계 종교의 모태 문화인 '신교神敎의 종주국'으로서 '역사의 근원이요 문화 생성의 근원이요 하나님 신앙의 근원'이 되는 나라인 것입니다.

뿌리 없이는 결코 열매를 맺을 수가 없습니다. 초목도 뿌리를 바탕으로 줄기가 뻗어 꽃이 피고 열매를 맺지 않습니까. 뿌리 문화인 상제 문화, 신교 문화가 아니면 가을철 인류의 통일 문화, 결실 문화, 열매 문화를 출산할 수 없는 것입니다.

한마디로 증산 상제님이 동방 조선 땅에 오신 이유는 우리 한민족이 동서 문화를 통일할 수 있는 '신교문화의 원형'을 그대로 간직하고 있는 동방의 유일한 주인공이기 때문입니다. 문화의 통일·결실기를 맞아 열매 문화, 보편의 구원 진리를 열어 주시기 위해, 상제님께서 조선 땅에 오시지 않을 수 없었던 것입니다. 이것도 상제님이 말씀하신 '동토와의 인연' 가운데 하나입니다.

| 지구의 혈穴 자리, 한반도 |

증산 상제님은 지리학상으로도 이 땅에 오시게끔 정해져 있습니다. 이것을 역사상 최초로 밝혀 주신 분이 바로 안운산 태상종도사님입니다.

세계지도를 놓고 보면, 한반도를 중심에 두고 일본이 왼편에서 감싸 주었다. 이렇게 좌측에 붙은 건 청룡이라고 한다. 집으로 얘기하면 담장이라고 할까, 울타리라고 할까. 일본은 좌청룡 중에서도 내청룡이다. 저 아메리카가 외청룡이다. 또 우측에 붙은 건 백호

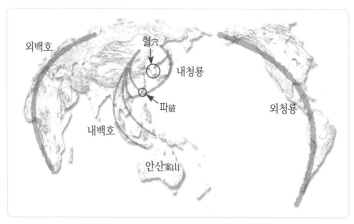

안운산 증산도 태상종도사님이 최초로 밝혀 주신 지리

라고 한다. 중국 대륙, 싱가포르까지가 내백호다. 백호가 튼튼해야 녹 줄이 붙는다. 헌데 중국 대륙이 얼마나 육중한가. 아프리카도 한 9억 이상이 사는 굉장히 큰 대륙 아닌가. 그 아프리카가 외백호다. 호주는 안산案山이고. 또 대만과 중국 대륙 사이가 물 빠지는 파破다. 마지막으로 제주도가 기운 새는 것을 막아 주는 한문閘門이다. 가만히 봐라. 꼭 그렇게 돼 있다. 그렇게 해서 **우리가 살고 있는 이 땅, 우리나라가 지구의 혈穴이다. 지구의 속 알캥이, 고갱이, 진짜배기 땅이다. 이 지구의 중심축**이다.

한반도는 지구의 혈穴 자리입니다. 지구라는 땅덩어리가 조판될 때부터 대우주의 하나님이 동북방 한반도, 이 땅으로 오시도록 정해져 있는 것입니다.

| 약소민족을 먼저 구하기 위해 오심 |

19세기 후반, 서양 제국주의 열강은 동남아시아, 중국을 거쳐 침략의 최후 종착지인 한반도 조선으로 몰려들었습니다. 동북아의 작은 땅 조선은 미국, 영국, 독일, 러시아, 프랑스 등 서구 열강과 청나라, 일본 등 10여 개 나라가 들어와 서로 세력을 다투는 각축장이 되어 한민족 역사상 가장 위태로운 지경에 놓여 있었습니다.

✽ 내가 '너의 동토'에 그친 것은 잔피에 빠진 민중을 먼저 건져 '만고에 쌓인 원한'을 풀어 주려 함이라.

(3:184:11)

상제님께서는 바로 그 누란의 위기에 처한 한민족을 시발로 하여 지구촌의 억압받는 모든 약소민족을 총체적으로 건져 내시기 위해 조선 땅으로 오신 것입니다.

4. 상제님의 강세를 예비한 성자들

상제님이 지상에 강세하신 배경에는 평생을 순결한 마음과 지극한 정성으로 인류를 구하고자 상제님께 간절히 기도했던 동서양 성자들의 숨은 공덕이 있었습니다. 그 주인공은 바로 신라 시대의 도승인 진표, 가톨릭 신부인 마테오 리치, 그리고 조선말에 동학을 창도한 최수운입니다.

| 상제님의 강세를 언약 받은 도승, 진표 |

한국 불교사에서 미륵 신앙을 대중화한 분이 신라 경덕왕 때의 승려 진표(734~?)입니다. 그는 12세에 출가하

진표율사 영정. 전라북도 모악산의 금산사 조사전에 봉안되어 있다.

여 숭제 법사로부터 계를 받고 "너는 도솔천의 천주이신 미륵불에게 도를 구하라"는 가르침에 따라 전국 명산을 찾아다니며 미륵님께 기도하였습니다.

27세 되던 해, 진표는 서해 변산 의상봉 근처의 높은 절벽에 있는 아주 작은 동굴에 들어가 3년을 기약하고 수도를 하였습니다. 그러나 수기授記를 받지 못해 절망에 빠진 그는 천 길 벼랑 아래로 몸을 던졌습니다. 그 때 어디선가 홀연히 청의靑衣 동자가 나타나 그의 몸을 받쳐 내려 주었습니다. 이에 용기를 얻은 진표는 다시 21일을 기약하고 온몸을 돌로 치는 생사를 건 수행[망신참법亡身懺法] 끝에 마침내 도를 이루고 미륵부처님을 친견하였습니다.

도통을 한 진표는 대개벽의 환란을 내다보고 미륵불께서 동방 땅에 강세하시기를 지극정성으로 기도하였습니다. 이에 미륵불로부터 언약을 받은 그는 다시 미륵불을 친견하고 계시를 받습니다. 이때 미륵불께서는 당신님의 법신을 진표에게 드러내시고 한 발은 변산에, 다른 한 발

변산. 그 은벽한 곳에서 처절하게 도를 구하는 그의 사무친 일심에 감동하시어 미륵불이 도솔천의 천중들을 다 거느리고 내려와 도통을 주셨다.(『삼국유사』,『진표전간眞表傳簡』)

은 금산사 터에 디디신 채 "나를 이 모양 이대로 조상造像하라"고 하셨습니다. 그 크기가 너무도 어마어마해서 도저히 그대로 세울 수 없었던 진표율사는 지금의 미륵불상크기로 금산사에 미륵 금불상을 조성하게 된 것입니다.

상제님이 인간으로 오셔서 "너의 동토東土에 인연이 있는 고로 내가 '이 동방'에 와서 30년 동안 금산사 미륵전에 머물렀다."고 말씀을 하신 까닭이 여기에 있습니다.

진표는 석가 이후 3천 년 불교사에서 미륵부처인 상제님에게서 직접 도통을 받은 유일한 인물입니다.

| 상제님의 강세를 탄원한 마테오 리치 신부 |

서양에서도 지극한 정성으로 상제님의 강세를 하소연한 인물이 있었으니 바로 선교를 위해 중국에 온 마테오 리치(1552~1610, 중국명 이마두利瑪竇) 신부입니다.

인류사에서 가장 비범한 기억력의 소유자인 리치 신부는 30세 되던 1582년에 중국 땅에 와서 사서오경을 비롯하여 유교, 불교, 도교를 공부하면서, 동양에는 성자 예수가 오기 수천 년 전부터 천지의 주인[天主]이신 상제님에 대한 신앙이 있었다는 사실을 알고 충격을 금치 못했습니다. 나아가 자신이 믿는 천주님이 곧 상제님임을 깨닫고 『천주실의天主實義』를 저술하였습니다. 서양에서 받드는 천주님이 동양에서 모시는 상제님과 동일한 분임을 깨달은 리치 신부는 세계 최초로 동서 지구촌의 하나님관(신관)을 통일한 것입니다.*

증산 상제님은 리치 신부의 공덕을 이렇게 말씀해 주셨습니다.

❀ 서양사람 이마두가 동양에 와서 '천국을 건설하려고'

---

* 동경대 명예 교수 히라카와 스케히로는 그의 책 『마테오 리치, 동서 문명 교류의 인문학 서사시』에서 리치 신부를 '동서 문화의 다리를 놓은 최초의 세계인'으로 소개하고 있다.

여러 가지 계획을 내었으나 쉽게 모든 적폐積弊를 고쳐 이상을 실현하기 어려우므로 마침내 뜻을 이루지 못하고 다만 동양과 서양의 경계를 틔워 예로부터 각기 지경地境을 지켜 서로 넘나들지 못하던 신명들로 하여금 거침없이 넘나들게 하고 그가 죽은 뒤에는 동양의 문명신文明神을 거느리고 서양으로 돌아가서 '다시 천국을 건설'하려 하였나니. (2:30:3~5)

마테오 리치 신부. 그는 "이 세상 모든 사람들에게 봉사하며 이로움을 주겠다" 하여 성을 리利 자로 하여 자신을 이마두利瑪竇라 불렀다. 리는 원형이정의 리profit로 가을의 정신을 상징한다.

  본래 리치 신부는 동양에 와서 한 생애를 다 바쳐 지상의 현실 세계에 하나님 나라, 천국을 건설하려 하였습니다. 하지만 당시 중국 사회의 부조리와 폐해 때문에 그 꿈은 머나먼 미래의 이야기가 되어 버리는 듯했습니다. 그러나 리치 신부는 죽어 천상 신명계에 올라가서도 일심을 가지고 지상에 천국을 건설하고자 하는 꿈을 더욱 강렬하게 불태우며 천상 각 신명계의 교류에 힘쓰는 등 혼신의 노력을 다했습니다.

그리하여 그는 천상 신명계의 각 문명권의 장벽을 허물고 천국의 문명을 배워 내려 서양 과학자들에게 지혜의 눈을 크게 열어 주었습니다. 이로부터 근대 과학문명의 놀라운 발전과 함께 인류의 삶이 비약적으로 향상된 것입니다.

그런데 서양 과학 문명은 그 발전 과정에서 밝은 면과 어두운 면을 함께 드러냈습니다. 근대 이후 인류는 물질적 욕망을 충족시키기 위해 자연의 이치를 거스르고 신을 부정하며 갖가지 죄악을 거리낌 없이 저질렀습니다.

＊ 서양의 문명 이기는 천상 문명을 본받은 것이니라. 그러나 이 문명은 다만 물질과 사리에만 정통하였을 뿐이요, 도리어 인류의 교만과 잔포殘暴를 길러 내어 천지를 흔들며 자연을 정복하려는 기세로 모든 죄악을 꺼림없이 범행하니 신도神道의 권위가 떨어지고 삼계가 혼란하여 천도와 인사가 도수를 어기는지라. (2:30:8~10)

리치 신부는 이러한 근대 문명의 위기를 해결하고 인류를 구원하기 위해 천상에 있는 각 종교권의 대신명들을 거느리고 상제님께 나아가 **"부디 병든 온 천하를 치유하시고 큰 겁액에 빠져 있는 인류와 천지신명들을 구원해주옵소서!"** 하고 간절히 호소하였습니다.

☞ 이마두가 원시의 모든 신성神聖*과 불타와 보살들과 더불어 인류와 신명계의 큰 겁액劫厄을 구천九天에 있는

* 상제님이 지상에 내려 보낸 석가, 공자, 예수 이전의 태고문화 시대의 성인과 신선들.

상제님께서 강세하시기를 간청하는 동서양 신성과 불타와 보살들

나에게 하소연하므로, 내가 이를 차마 물리치지 못하고 이 세상에 내려오게 되었느니라. (2:30:11, 2:17:7)

이리하여 상제님께서 마침내 이 땅에 친히 내려오시게 된 것입니다.

| 리치 신부의 천상 공덕 |

리치 신부는 인간으로 살 때나 죽어 천상에서 신명으로 살 때나 오직 변치 않는 일념으로 하나님 나라를 인간의 현실 세계에 건설하고자 노력하였습니다. 증산 상제님은, 리치 신부의 이러한 공덕을 제대로 알지 못하는 인류에게 이렇게 깨우쳐 주셨습니다.

☀ 이마두는 세계에 많은 공덕을 끼친 사람이라. 현 해원시대에 신명계의 주벽主壁이 되나니 이를 아는 자는 마땅히 경홀치 말지어다. 그러나 그 공덕을 은미隱微 중에 끼쳤으므로 세계는 이를 알지 못하느니라.

(2:30:1~2)

상제님은 리치 신부를 기독교 2천 년 역사에서 지상에 천국을 건설하려 했던 유일한 인물로, 또한 가장 위대한 구도자이자 참 신앙자로 크게 칭찬하시고 그 공덕을 인정하시어 신명계의 대권자로 삼으셨습니다.

세상에서는 종종 이렇게 말합니다. 왜 증산도에서는 서양의 일개 신부를 그렇게 중요한 인물로 여기는지 도저히 이해할 수가 없다고 말입니다.

서교에서는 죽어서 천국에 올라가 영생하는 것을 신앙의 목표로 가르치고 있습니다. 그러나 올바른 신앙이란 살아서나 죽어서나 끊임없는 자기 계발, 희생과 봉사에 힘써서 인류에게 진정한 상생의 길을 열어 주는 것이 아닐까요?

증산 상제님께서는 리치 신부의 숨은 공덕을 밝혀 주심으로써 서교의 잘못된 천국관을 바로잡아 주신 것입니다.

| 상제님의 조선 땅 강세를 선포한 수운 최제우 |

상제님은 인간으로 오시기 전에, 먼저 당신님의 강세를 선언하도록 한 인물을 세상에 내려 보내셨습니다. 바로 동학의 창도자 최수운(1824~1864) 대신사입니다.

수운은 수년 동안 정성을 다해

최수운 대신사

기도에 정진하던 중 37세 되는 1860년 4월 5일, 상제님에게서 천명天命을 받는 도통 체험을 합니다. 이것이 바로 그 유명한 "천상문답 사건"입니다.

> 왈 물구물공
> ☀ 曰 勿懼勿恐하라
>
> 세인　위아상제
> 世人이 謂我上帝어늘
>
> 여부지상제야
> 汝不知上帝耶아
>
> ☀ 두려워 말고 겁내지 말라. 세상 사람들이 나를 상제라 이르거늘 너는 어찌 상제를 모르느냐. (『동경대전』「포덕문」)

驚起探問則曰勿懼勿恐
世人所謂我上帝汝不知上帝耶
問其所然曰余亦無功故生汝世間教人此法勿疑勿疑
曰然則西道以教人乎

『동경대전』「포덕문」

"너는 어찌 상제를 모르느냐!", 이것은 '네가 구도자로서 어찌 도의 주재자, 대우주의 주인인 상제를 모르느냐? 상제를 망각하고 사는 네가 진정한 구도자냐?' 하고 꾸짖는 말씀입니다.

이것은 비록 수운에게 하신 말씀이지만, 사실은 하나님 문화의 뿌리인 상제 문화를 망각하고 사는 한민족과 전 인류를 향해 꾸짖으신 것입니다.

수운은 "너에게 무궁무궁한 도법을 주노니 닦고 다듬어 수련하여 글을 지어서 사람들을 가르치고 법을 정하여 덕을 펴면 너로 하여금 장생케 하여 천하에 빛나게 하리라"(1:8:14) 하신 상제님의 천명을 받들어 시천주 주문(본주문 열석 자, 강령 주문 여덟 자)을 받아 내려 세상에 선포하였습니다.

시천주조화정 영세불망만사지 지기금지원위대강
☀ 侍天主造化定 永世不忘萬事知 至氣今至願爲大降

그리고 수운은 '천주이신 상제님이 인간 세상에 오셔서 펼치는 새 진리 무극대도無極大道가 머지않아 출세한다. 병란으로 온 세계가 개벽된다'는 소식을 널리 전했습니다.

☀ 호천금궐 상제님을 네가 어찌 알까 보냐. 만고 없는 무극대도 이 세상에 날 것이니 십이제국 괴질운수 다 시개벽 아닐런가. (『용담유사』)

상제님의 강세와 출세 소식을 일심으로 전했던 수운은 상제님께 다음과 같은 영광스런 명을 받게 됩니다.

☀ 너는 내 아들이니 나를 아버지라 부르라.

※ 여汝는 오자吾子이니 위아호부야爲我呼父也 하라.

(『도원기서』)

이 말씀에 따라 수운은 1864년 순도하기 전까지 상제님을 아버지라 불렀습니다. 상제님을 '인간과 신명, 천지 만백성의 아버지'로 인식했던 것입니다.

최수운 대신사가 상제님 강세를 선포하고 순도한 지 8년 만인 1871(신미)년에 상제님께서 마침내 인간으로 오셨습니다.

※ '누구든지 한 사람만 오면 각기 저의 스승이라'하여 따르리라. (2:40:4)

'인류를 구원하기 위한 하나님의 강세', 이는 태초의 천지개벽 이래 인류사에서 가장 큰 사건입니다. 진정한 구원자이신 '한 분'을 기다려 온 인류의 꿈이 마침내 실현된 것입니다.

따라서 인간으로 오신 인존 하나님이신 상제님을 우리 인생에 모시는 것 이것이야말로 가을개벽을 앞둔 선천 말대에 가장 영광된 성공, 천지성공으로 가는 위대한 첫걸음입니다.

증산도를 사칭하는 난법 단체, 대순진리회

삼계대권으로 우주를 다스리시는 주재자 하나님이 신 증산 상제님의 진리를 왜곡하고 종통을 조작하는 난법 단체들이 있다. 그 가운데 대순진리회는 **종통 연 원을 인위적으로 조작하고 증산도를 사칭**하고 있다.

일찍이 증산 상제님께서는 정음정양正陰正陽의 새 천 지를 여시기 위해 뭇 여성의 머리요, 새 생명의 어머니 이신 태모 고 수부님께 종통맥을 전수하셨다. 그럼에 도 대순진리회는 교주 조철제를 내세워 양兩 상제 운운 하며 이러한 진리 도맥을 철저히 왜곡하였다.

또한 증산도의 진리 도서인 『증산도의 진리』, 『이것 이 개벽이다』 등을 가지고 다니며 증산도를 사칭하고, 심지어는 상생방송도 자기네 단체가 만든 것이라고 허 언을 하고 있다. 이것은 참 진리를 찾는 사람들의 눈과 의식을 흐리게 할 뿐만 아니라 상제님의 도업에 큰 해 를 끼치는 일이 아닐 수 없다. (『대순진리회의 정체』)

홍산 문화의 비밀,
그 수수께끼가 드러나다!

환웅 배달과 단군 조선의 홍산 문화 유적지

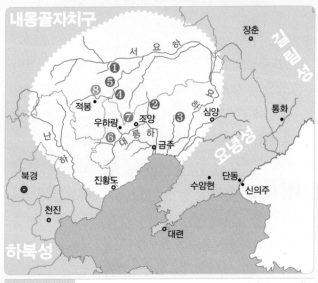

신석기	① 소하서小河西 문화 (기원전 7000년~기원전 6500년)
	② 흥륭와興隆窪 문화 (기원전 6200년~기원전 5200년)
	③ 사해查海 문화 (기원전 5600년~)
	④ 부하富河 문화 (기원전 5200년~기원전 5000년)
	⑤ 조보구趙寶溝 문화 (기원전 5000년~기원전 4400년)
신석기 청동기 병용	⑥ 홍산紅山 문화 (기원전 4500년~기원전 3000년)
	⑦ 소하연小河沿 문화 (기원전 3000년~기원전 2000년)
청동기	⑧ 하가점夏家店 문화 (기원전 2000년~기원전 1500년)

홍산紅山 문화(요하문명) 시대 구분

우하량 적석총과 원형 제단. 홍산 문화의 대표 유적인 우하량牛河梁 유적. 길이가 동서로 160m, 남북으로 50m다. 이 일대에는 방형 적석총, 그리고 조상신과 상제님께 제사 지낸 원형 제단[壇]과 여신묘女神廟 같은 신전[廟]이 발굴되었다. 방형方形으로 된 적석총과 원형圓形으로 된 적석제단은 3중으로 둘레를 쌓았다. 이 천원 지방天圓地方 사상과 묘제는 동방 배달과 고조선의 고유문화다.

홍산紅山 문화는 1920년대에 프랑스의 에밀 리쌍이 처음 발굴을 시작했으며, 1930년대에 들어와 중국 철학자 양계초의 아들인 양사영梁思永이 적봉 홍산 유적지를 조사한 이래 많은 학자들이 연구에 뛰어들었다. 그 후 중국 정부가 대대적으로 발굴을 하였는데, 1980년대에 **전 세계가 깜짝 놀랄, 홍산 문화의 대표적 유적**인 우하량牛河梁 유적이 발견되었다.

우하량 유적에서는 5,500년 전으로 거슬러 올라가는 대형 제단大型祭壇, 여신묘女神廟, 적석총군積石塚群이 나왔다. 학자들은 여러 발굴 결과를 토대로 우하량 유적이 황하 문명보다 2~3천 년 앞서 있고 국가 단계의 조건을 다 갖춘 문명 사회였다고 발표하였다.

우하량에서는 길이 160m 너비 50m 규모의 거대한 제단과 직경 100m가 넘는, 돌로 쌓은 대형 피라미드도 발견되었다. 우하량 제단은 원형圓形과 방형方形으로 이루어져 있다. 이는 천원 지방天圓地方 사상이 드러난 것이며, 북경에 현

◀ **C자형 옥조룡玉雕龍**
내몽골자치구 옹우특기翁牛特旗 삼성타라촌三星他拉村에서 발견된 홍산 문화의 전형적인 옥기로, 중국에서 가장 오래된 용 모양을 하고 있다. 1982년에 부신阜新의 사해 문화査海文化 유적지에서 돌로 쌓아 만든 용 형상물이 발견되기 전까지 '중화제일용中華第一龍'으로 불렸다.

존하는 상제님 제천단인 '천단天壇'의 원형이기도 하다.

적석총 석관에서는 세계에서 가장 오래되고 정교한 옥玉 제품들과 채색 토기가 나왔다.

옥은 하늘색을 가장 순수하게 드러내는 보석으로 하나님 의 맑고 신성한 마음을 상징한다. 『주역』 「설괘전」에서는 건 乾괘[☰]의 성격을 옥이라 했다. 또 **상제님이 계신 천상의 수 도를 옥경**玉京**이라 하며, 하나님을 부르는 호칭에도 천제**天 帝**, 상제**上帝**, 천황**天皇 **외에 옥황**玉皇**Jade Emperor이라는 용어** 가 있다.

학자들은 신석기 시대에서 청동기 시대로 넘어가는 중간 에 옥기 시대를 새로 써 넣어야 한다고 주장하고 있다.

또한 천자天子의 상징인 용龍과 봉鳳의 형상물도 100여 개 이상이 발굴되었는데, 중국의 다른 지역에서 발견된 유적들 보다 훨씬 앞서 있다. 그리고 곰과 관련한 유물들도 많이 나왔다. 이것은 배달의 건국 이야기에 나오는 웅족과 연관 된다고 볼 수 있다.

◀ **조보구 문화에서 발견된 봉형**鳳形 **토기**

적봉시赤峰市 오한기敖漢旗 고가와포향高 家窩鋪鄉 조보구촌趙寶溝村에서 발견된 새 모양 토기로 최초의 봉鳳 형상물이라 하여 '중화제일봉中華第一鳳'으로 명명되었다.

여신묘에서 발견된
도제陶制 여신 두상頭像.
크기는 실물에 가깝고 눈동자는
옥으로 만들어 넣었다.

우하량 여신묘女神廟에서 곰 뼈와
함께 출토된 곰 발톱 모양의 진흙 소조.
이 여신묘는 배달국 개국 이야기에 나오는,
환웅족과 결합한 웅녀족(곰을 토템으로 삼음)의
신전으로 추정된다.

홍산 문화 지역에서 발굴된 다양한 옥웅룡玉熊龍. 이것을 처음에는 돼지 형상으로
보고 옥저룡玉猪龍이라 하였으나 최근에는 곰과 용이 혼합된 것으로 밝혀져 웅룡熊龍
이라 부른다.

홍산 문화 유적 및 유물

유적과 유물들이 말해 주듯이 홍산 문화는 **세계 문명의 발상지로 꼽히는 4대 문명보다 훨씬 앞선 것이다.** 초기 홍산 문화인 소하서 문화는 **8,500년 전까지 거슬러 올라간다.** 요컨대 홍산 문화 유적지는 **현 인류 문명의 근원이 되는 '뿌리 문화', '시원 문화'의 모습을 보여 주는 것이다.**

5,500년 전까지 올라가는 우하량 유적지 발굴은 **세계 문명사를 다시 쓰게 하는 엄청난 사건**이며, 최근까지도 계속 새로운 발굴과 발견이 이어지고 있다.

그런데 몇몇 학자 외에 이 땅의 강단 사학자들은 그 문화의 실체에 대해 침묵을 지키고 있다. 그 문화를 인정하면 지난 한 세기 동안 자기네들이 쓴 한민족 고대사 논문들이 쓰레기통에 들어가야 하기 때문이다.

중국학자들은 홍산 문화를 요하문명이라 하여 그네들 문화가 세계 최고最古 문명이라고 주장하는 핵심 증거로 이용하고 있다. 세계 경제 대국을 이루고 나자 이제는 문화 대국으로 자리매김하려는 그 속내가 훤히 들여다보이지 않는가?

제 **4** 장

인간과
신명 세계

인간은 천지 부모로부터 생명을 받아 태어나 살다가 천지 부모의 품으로 돌아갑니다.

그렇다면 삶은 무엇이고 죽음은 무엇일까요?

사람이 죽으면 연기와 같이 사라지고 마는 것일까요? 그렇지 않습니다. 죽은 후에도 신명神明이 되어 계속 살아갑니다. 땅은 인간의 삶의 무대이고, 하늘은 신명의 삶의 무대입니다.

지상의 인간 세계와 보이지 않는 하늘의 신명 세계는 밀접한 연관 관계를 맺고 있습니다. 특히 조상 신명은 내 생명의 뿌리로서 나를 낳고 길러 주신 분들입니다.

이제 4장에서는 죽음 저 너머에 있는 신명 세계는 과연 어떤 모습인지, 또 지상의 인간계에 어떤 영향을 미치는지 살펴보겠습니다. 4장을 통해서 우리는 조상신을 새롭게 인식하고, 자손과 조상이 함께 천지성공으로 나아가는 길을 찾을 수 있을 것입니다.

이 장의 핵심 주제어

혼과 넋, 신명, 천지 귀신, 윤회, 자연신, 인격신, 10천十天, 이理·신神·사事, 조상 선령신, 천도식, 해원.

1

인간의 참 모습과 죽음 이후의 삶

1. 죽음이란

전국시대戰國時代 말 육국六國을 통일하고 천하의 권력을 손에 쥔 진나라 왕 영정(진시황)은 영생불사를 꿈꾸며 불로초를 찾아 신하들을 미지의 땅으로 보냈습니다. 하지만 그도 죽음의 질서를 이기지는 못했습니다.

죽음, 그것은 과연 무엇일까요?

죽음이란 지상에서의 삶을 마감하는 인생에서 단 한 번뿐인 사건으로, 생명 활동이 정지되어 다시 원 상태로 돌아오지 못하는 생生의 종말을 뜻합니다. 그런데 상제님께서는 사람이 죽는다고 아주 죽는 것이 아니라 하셨습니다. 죽음은 육신이라는 껍데기를 벗는 것일 뿐이라는 말입니다.

☀ 죽으면 아주 죽느냐? 매미가 허물 벗듯이 옷 벗어 놓는 이치니라. (10:36:2)

사람이 죽으면 그냥 없어지는 게 아닙니다. 사람에게는 육체라는 겉사람만이 아니라, 그 안에 속사람이 있기 때문입니다. 그 속사람을 혼魂과 넋魄이라고 합니다.

> ☀ 사람에게는 혼魂과 넋魄이 있어 혼은 하늘에 올라가 신神이 되어 제사를 받다가 4대가 지나면 영靈도 되고 혹 선仙도 되며, 넋은 땅으로 돌아가 4대가 지나면 귀鬼가 되느니라. (2:118:2~4)

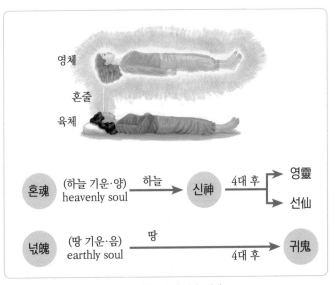

인간의 참 모습과 사후 세계

혼과 넋은 우리 몸속에 있는 영체의 음양적인 두 요소입니다. 혼은 하늘 기운을 받아 생겨나고, 넋은 땅의 기운을 받아 생겨난 것으로, 이 둘은 다 무형입니다.

사람이 죽어 숨이 떨어질 때 따뜻한 기운이 빠져서 하늘로 올라가는데, 그것이 혼입니다. 의학박사 맥두걸 D. MacDougall은 실험 결과 '사람이 숨을 거둘 때, 수분과 공기의 무게를 제외하고도 살아 있을 때보다 체중이 21g 가량 줄어드는데, 이것이 영혼의 무게다'라고 주장을 하였습니다.(『American Medicine』) 이것은 사람이 죽으면서 영적 요소가 빠져 나갔음을 말해 줍니다.

이 혼백의 세계에 대해 상제님께서 어린 호연에게 해 주신 말씀이 있습니다.

☽ 하루는 비가 내리니 한 성도가 약방 사랑에서 비를 구경하다 잠이 들거늘, 상제님께서 호연에게 가만히 오라는 손짓을 하시므로 호연이 다가가니 "가만 앉아 봐라. 저것 봐라, 저것! 저 사람 콧구멍에서 나오는 것 좀 봐라." 하고 속삭이시니라. 호연이 신안이 열리어 보매 꼭 생쥐같이 생긴 것이 콧구멍에서 토방까지 나오더니 … 다시 콧구멍으로 들어가고, 또 나왔다가 들어가고, 그러기를 계속하는지

라.상제님께서 말씀하시기를 "저것이 사람의 혼이여. 저것이 하나라야 내 본심이고, 둘이면 도둑놈이다." (4:121:1~5)

참으로 신비스런 이야기가 아닐 수 없습니다.

사람이 죽으면, 하늘 기운을 받아서 생겨난 혼은 몸을 떠나 하늘로 돌아가고, 땅 기운으로 생겨난 넋은 땅으로 돌아갑니다. 혼과 넋의 차원에서 정의하자면, 죽음은 천지 부모의 기운을 받아 생겨난 영적 요소인 혼과 넋이 분리되어 하늘과 땅으로 돌아가는 것입니다.

2. 사람이 죽어 4대가 지나면

'사람에게는 혼백이 있고, 죽음 후에는 그 혼백이 하늘과 땅으로 돌아간다,' 이것만도 참으로 놀라운 소식입니다. 그런데 상제님께서는 혼백이 시간이 흐름에 따라 어떻게 변화하는지도 밝혀 주셨습니다.

즉 사람은 죽은 뒤 신神 곧 신명神明이 되어 천상에 살면서 잘 닦아 4대가 지나면 영靈도 되고 선仙도 됩니다. 영은 백광처럼 아주 환하고 밝은 존재입니다. 보통 1대를 30년으로 잡으므로 4대는 약 120년입니다. 신명으로 살면서 백 년이 넘도록 도를 잘 닦으면, 태양 빛과 같이 눈부신 영이 된다는 말씀입니다. 영은 일반 신명보다 훨씬 더 영적 진보가 이루어진 존재입니다.

그러면 선仙은 영靈과 어떻게 다를까요?

그것은 같은 경계이지만 차이가 있습니다. 선은 도를 닦아 영적 수준만 높다고 해서 되는 것이 아닙니다. 선이 되려면 세상에 공덕을 많이 베풀어야 합니다. **선은 영원 불멸하는 인격적 영신**입니다. 선은 사람 모습으로 드러나기도 하고, 영으로 나타나기도 합니다. 땅속으로도 가고, 물속으로 들어가기도 하고, 자유자재로 생각대로 움직입니다. "나는 이 머리카락 하나만 있어도 거기 붙어서 나오느니라"(10:16:3)라 하신 상제님의 말씀이 선仙의 세계에 대해 다하신 말씀입니다.

땅으로 돌아간 넋은 죽은 육신과 함께 땅 속에 머무르다가 4대라는 시간이 흐르면서 귀鬼로 변모됩니다. 이 귀는 천상의 신과 결합하여 사후의 생명체라 불리는 귀신鬼神으로 거듭나기도 합니다. 오늘날 사람들이 서구 유일신 문화의 영향으로 말미암아 귀신을 저급한 신으로 취급하지만, 귀신은 본래 그 본질이 천지에서 형상을 갖고 나온 '천지의 성령holy ghost'입니다. 그래서 천지의 자녀인 인간 마음에 따라 감응을 합니다. 귀신이 때로 살아 있는 사람의 화복禍福에 지대한 영향을 미칠 수 있는 것도 그 때문입니다.

3. 밝게 빛나는 영적 존재, 신명

사람이 죽으면 하늘로 올라가 신명이 됩니다. 이러한 신명은 개별적인 인격신입니다. 신명은 빛과 같이 밝은 존재인 까닭에 상제님께서는 '밝을 명明 자'를 써서 즐겨 신명神明이라고 부르셨습니다.

신의 본성이 밝다 보니, 밤중에 시커먼 옷을 뒤집어쓰고 다니는 도적신도 신안神眼으로 보면 번쩍번쩍 빛이 납니다. 신명의 오라aura 자체가 밝기 때문입니다.

그런데 신명이 사는 곳은 인간 세상과 완전히 동떨어진 세계가 아닙니다. 인간계와 신명계는 동전의 앞면과 뒷면처럼 음양陰陽 짝으로 존재합니다. 인간계는 육신의 눈에 보이는 세계이고, 신명계는 영적인 눈[神眼]으로 볼 수 있는 세계입니다. 『홀로그램 우주Holographic Universe』를 지은 탤보트M.Talbot의 표현을 빌면, '드러난 질서'에 따라 돌아가는 세상이 인간계이고, '감추어진 질서'에 따라 돌아가는 세상이 신의 세계입니다.

선천 세상을 살다간 성자들도, 범부중생도 다 천상에

신명으로 살아 있습니다. 상제님은, 성자가 됐든, 학자가 됐든, 범부가 됐든 '누구누구 신명이다, 아무개 신명이다' 하여 그 이름이나 관직에 신명이라는 두 글자를 붙여서 부르셨습니다.

4. 영적 성숙의 긴 여행, 윤회

사람이 죽으면 천상에서 신명으로 새로 태어나고, 신명이 천상을 떠나 인간 세상으로 내려오면 사람으로 태어나는 것입니다.

> ※ 생유어사生由於死하고 사유어생死由於生 하니라. 삶은 죽음으로부터 말미암고 죽음은 삶으로부터 말미암느니라. (4:117:13)

생장염장이라는 우주 변화의 법칙에 따라, 우주의 봄철이 되면 천지 부모가 인간을 낳습니다. 이때 처음 태어난 인간은 죽어서 신명으로 올라갔다가 다시 인간으로 태어나기를 반복합니다. 천상과 지상을 오가면서 윤회를 거듭하는 것입니다.

그럼 인간은 윤회를 영원히 계속하는 것일까요?

어떤 사람들은 '인간이 업을 닦지 못하면 영원히 윤회한다'고 가르치기도 합니다. 그러나 그것은 잘못된 생각입니다. 우주론에 어두워서 우주의 봄, 여름, 가을, 겨울이 있다는 것도 모르고, 우주 1년이 12만9천6백 년마다 바뀐다는 것을 모르기 때문에 그렇게 가르치는 것입니다.

우주 1년 변화로 볼 때 윤회는 영원히 계속되는 것이 아닙니다. 윤회는 우주의 여름철까지 진행되다가 가을이 되면 끊어집니다. 가을철은 인간이 '성숙'하여 열매를 맺는, 수렴을 하는 때이기 때문입니다.

따라서 여기서 말씀하시는 인간의 윤회란 봄여름철 동안 천상과 지상을 오가면서 거치는 '영적靈的 진화와 성숙의 과정'인 것입니다.

2
상제님이 밝혀 주신 신명 세계

1. 천지간에 가득 찬 것이 신

대우주의 중심에는 상제님이 계십니다. 그리고 천지신명이 있고 각 개인의 조상신도 있습니다. 이 모두가 신의세계를 이룹니다. 증산 상제님은 성자들 신명을 비롯한천지 안에 있는 모든 신의 존재를 밝혀 주시고 다 인정해주셨습니다.

따라서 증산도의 신관은 다신관입니다. 다신관이면서도 우주의 통치자 하나님을 최고 조화주 하나님으로 섬깁니다. 한마디로 **유일신 문화와 다신 문화가 통합되어있는** '**일원적 다신관一元的多神觀**'입니다.

그럼 인간 세상만큼이나 다양하게 분화되어 있는 신명세계에는 어떤 신명들이 있을까요?

신명은 크게 사람으로 살다가 죽은, 사람의 형상을 한'**인격신**' 과 천지만물에 내재하는 '**자연신**'이 있습니다.

인격신으로는 우선 인류 문명을 발전시킨 종교가, 수행

자, 철학자, 과학자 들의 영신인 문명신文明神과 도통신道統神이 있습니다. 공자, 석가, 예수, 마테오 리치 신부, 진표 율사, 최수운 대신사 같은 분이 여기에 속합니다.

그리고 각 민족이 창세 하나님으로 받들고 있는, '각 민족 시원 문화의 창조자'인 지방신이 있습니다. 동방 한韓 민족을 주재하는 지방신은 삼성조三聖祖(환인 천제, 환웅 천황, 단군왕검)이며, 중국 한漢민족의 주신은 반고이고, 일본 민족의 주신은 천조대신(아마테라스 오미가미)입니다. 유대족이 모시는 창조주 '만군萬軍의 야훼'도 사실은 중동의 지방신입니다. 유대 민족만의 하나님이란 말입니다.

이 외에도 깊은 한을 품고 죽은 자의 신명인 원신冤神, 실패한 혁명가의 신명인 역신逆神, 각 집안의 조상신인 선령신先靈神 등이 있습니다. 원신 중에서 가해자와 그 후손들에게 앙갚음하기 위해 사람에게 붙어 다니는 신을 특별히 척신隻神이라 합니다.

상제님은 천지의 기강을 바로잡는 신병과 신장으로 구성된 천상의 군대[天軍] 조직도 말씀하셨습니다.

특히 24장將과 28장, 그리고 개벽의 실제 상황에서 하늘과 땅과 인간 역사의 모든 불의와 죄악을 뿌리 뽑고 기강을 바로잡는 48장의 역할을 강조하셨습니다. 48장은 천상 옥추문玉樞門을 지키는 신장들입니다.

그런데 인격신만이 아니라 자연신의 세계를 알아야 인간의 위치에서 자연을 제대로 바라볼 수 있습니다. 나아가 자연 속에서 인간의 존엄성도 제대로 깨칠 수 있게 됩니다.

고구려 벽화를 보면 자연신의 모습이 등장합니다. 동·서·남·북 방위를 주장하는 신, 봄·여름·가을·겨울의 사계절을 주관하는 신, 해신, 달신, 바람신, 구름신 등 실로 다양합니다. 동서양을 막론하고 유목민이나 농경 사회에서는 보편적으로 이러한 자연신에 대한 인식이 있었습니다. 고대 그리스 문화에도 자연신들의 다양한 활약상이

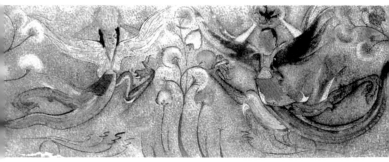

고구려시대 고분 중의 하나인 '집안 5호' 묘의 천장에 그려진 해신(우)과 달신(좌)

나오지 않습니까?

어떤 사람은 자연신을 미개한 신, 저급한 신, 심지어 악마 같은 신으로 취급하는데, 이것은 신의 세계에 대한 무지에서 비롯한 것입니다.

여기서 여름철 말대를 살며 천지성공을 꿈꾸는 사람이라면 꼭 알아 두어야 할 신이 있습니다. 상극 질서로 돌아가는 선천에는 신명계에도 상극 기운이 작용하여 남을 해치려고만 하는 신이 존재합니다. 인간의 삶을 흔들고 어지럽혀 죽음으로 떨어뜨리는 사악한 신명인 복마伏魔가 그것입니다. 복마는 항상 엎드려서 기회만을 노리고 있기 때문에, 상제님께서 엎드릴 복伏 자를 써서 복마라고 하셨습니다. 복마는 '사악하다' 하여 사신邪神, '일이 잘 안 되게 해코지를 한다' 하여 마신魔神이라 부르기도 합니다.

복마가 우리 삶을 어떤 모습으로 괴롭히고 파괴하는지, 복마를 어떻게 극복할 수 있는지에 대해서는 제7장에서 자세히 이야기하겠습니다.

2. 천상 신명 세계의 구조

그러면 이렇게 다양하고 무수한 신명들은 천상에서 어떻게 살고 있을까요?

하늘로 올라간 신명은 각기 비슷한 생활환경이나 의식 구조를 가진 신명들끼리 모여 삽니다. 그러다 보니 영적 수준에 따라 여러 계층이 생기게 됩니다. 신명 세계는 세상에서 일반적으로 알고 있는 바와 같이 천국과 지옥, 천당과 연옥 등으로 단순하게 구별되는 세계가 아닙니다. 오히려 인간 세계보다 구조가 훨씬 복잡한 곳입니다.

상제님은 김송환 성도를 통해 천상 신명계가 영적 수준에 따라 9천九天으로 펼쳐져 있음을 밝혀 주셨습니다.

❋ 송환이 '하늘 위에 무엇이 있는지 그것만 알면 죽어도 소원이 없겠습니다.' 하니 상제님께서 '하늘이 있느니라.' 하시니라. 송환이 다시 여쭈기를 '하늘 위에 또 하늘이 있습니까?' 하니 말씀하시기를 '있느니라.' 하시매 또 여쭈기를 '하늘 위에 또 하늘이 있습니까?' 하니 말씀하시기를 '또 있느니라.' 하시고 이와 같이 아홉 번을 대답하신 뒤에 '그만 알아 두라.' 하시니라. (4:117:2~5)

9천으로 벌어진 신명 세계는 저층으로 내려갈수록 의식 수준이 더 낮고 이기적이며 자기중심적인 신명들이 모여 삽니다. 반대로 상층으로 올라갈수록 영적인 경계

가 우주적 차원으로 더욱 확대되어 천지와 더불어 함께
하는 성신聖神들이 살고 있습니다.

1천과 2천은 지옥, 연옥의 세계이고, 3천은 아스트랄
계, 4천은 순미純美의 세계입니다. 심령 종족psychic tribe
집단, 유교·불교·기독교 같은 종교 문명권은 6천과 7천
에 자리 잡고 있습니다. 그리고 우주의 최고 주재자이신
증산 상제님은 선천 시대 동안 9천에 있는 옥경玉京에 계
십니다.

그런데 상제님께서는 대우주가 횡적으로도 광대무변하
게 열려 있다고 말씀해 주셨습니다.

> ✸하늘도 수수천 리이고, 수많은 나라가 있어 이런 평
> 지에서 사는 것하고 똑같다. (5:280:7)

'하늘에도 수많은 나라가 있다', 이 말씀은 광활한 우주
에 하늘나라 문명권이 헤아릴 수 없이 펼쳐져 있음을 밝
혀 주신 것입니다.

광활하게 펼쳐진 우주! 별을 관찰하는 천문학자들에 의
하면 1천억 개의 별이 모여 하나의 은하를 이루고, 그 은
하가 다시 1천억 개 이상이 있다고 합니다. 물론 그 속에
는 다양한 영적 세계도 존재합니다.

도교의 경전에 따르면 천상에는 서른 세 개의 하늘[33 천]이 있습니다. 즉, 동서남북에 각각 8천이 있어 횡적으로 32천이 펼쳐져 있고, 그 중앙 최고 정상에 대라천大羅天이 있습니다. 32천에는 각 하늘을 다스리는 천주天主가 있고, 대라천에 있는 하늘나라의 수도, 옥경에는 횡적으로 펼쳐진 하늘과 종적으로 펼쳐진 하늘을 모두 통합해서 다스리시는 대우주의 통치자, 옥황상제님이 계십니다.

인간으로 오신 우주의 통치자 증산 상제님께서 신도적 차원에서 볼 때 이 우주가 33천으로 구성되어 있다고 밝혀 주셨습니다.(5:208) 상제님께서 드러내 주신 천상의 구조를 생각해 보건대, 이 우주는 물질계와 신명계가 유기적으로 결합되어 긴밀한 관계를 맺고 있는 다차원의 복합 문명 세계임을 알 수 있습니다.

3. 열째 하늘, 지구

이제 후천 가을개벽과 함께 신명 세계에도 대전환이 일어납니다. 가을 개벽기는 모든 것이 근원으로 돌아가 결실을 맺는 때로서, 이때 신명의 영적 진화도 열매를 맺기 때문입니다.

그렇다면 그 열매는 우주 가운데 어디서 맺어지는 것일까요?

우주의 모든 공력은 땅에서 결실을 합니다. 신명들도 하늘이 아닌 땅에서 열매를 맺습니다. 신명이 인간으로 살던 지구가 바로 영적 진화의 완성처가 됩니다.

선천은 건도乾道 시대로서 양 기운이 지배하는 때입니다. 만물의 분열이 양수[天數][1·3·5·7·9]의 끝수인 9까지 벌어집니다. 그래서 신명계도 수직으로 9천까지 벌어져 있고, 지존 무상하신 상제님이 9천에 계시는 것입니다.

그러나 곤도坤道의 시대인 우주의 가을철에는 상제님께서 지상에 내려오심으로써 지상이 열째 하늘이 됩니다. 지구가 음수[地數][2·4·6·8·10]의 끝수이며 완전수인 10수 하늘[10천]이 되는 것입니다. 그래서 후천이 되면 신명계

선천, 성장과 분열, 9天 시대

1 2 3 4 5 6 7 8 9

10천 지구:
후천 선경낙원

후천, 추수와 통일, 10天 시대

천상 신명계의 구조

와 인간계가 하나로 합쳐진, 곧 신인神人이 합일合一하는 세상이 지구상에 펼쳐집니다. 후천 통일 문명이 지상에 열리는 것입니다.

그때는 신명들이 손에 손을 잡고 전부 지상으로 내려옵니다. 조상신이 일제히 자손 줄을 찾아 내려와 자손과 함께 영원한 복락福樂을 누리며 조화선경 세상에서 살아갑니다.

4. 진리의 삼박자, 이理·신神·사事

동서양 종교, 철학, 과학에서 탐구해 온 진리의 근본 틀을 들여다보면, '이理·신神·사事'로 압축이 됩니다.

그 중에서 현실 세계를 보는 밑바탕이 이理, 즉 '우주 변화의 이법理法'입니다. 이 우주 변화 원리에는 "하늘과 땅과 인간과 만물이 어떻게 태어나 살아가는가?" 하는 물음에 대한 답이 들어 있습니다.

그 핵심이 바로 상제님께서 밝혀 주신 우주 1년 순환 주기입니다. 우주 1년의 주기적인 변화로 현실 세계가 열리고 닫힙니다. 밤이 되면 잠을 자고 낮이 되면 일을 하는 인간의 하루 생활이든, 선천 5만 년 동안 인류 역사가 전개되어 온 큰 틀이든, 모든 것이 우주 섭리를 바탕으로 전개되는 것입니다.

오늘날 문명은 그동안 수많은 사람이 대자연 속에 깃들어 있는 변화 질서를 찾아내어, 더욱 행복하고 밝은 세상으로 만들어 나가기 위해 노력한 결과물이라 할 수 있습니다. 인간의 삶이란 이법을 발견해 나가는 끊임없는 탐구 과정인 것입니다.

✔ 그런데 이법만으로는 인간의 삶과 죽음, 인류 문명사에 일어난 모든 문제를 제대로 설명할 수가 없습니다. 진리에 대한 인간의 갈급증이 결코 충족될 수 없다는 말입니다. 이 때문에 인간의 마음속에는 '진리의 또 다른 얼굴'을 보고 싶어 하는 욕망이 있습니다. 그 '또 다른 얼굴'이 바로 신神의 문제입니다.

우주 이법이 하늘에서 그냥 툭 떨어져서 인간과 자연이 태어나고 현실 역사가 전개되는 것이 아닙니다. 이법 세계와 현실 세계 사이에 신이 들어야 합니다. 신이 중간에서 매개 작용을 하여 이법이 현실로 실현되는 과정이 바로 이 세상의 사건, 인사人事입니다.

인간 역사에 전개되는 크고 작은 모든 사건은 반드시 신명이 개입하여 일어나는 것입니다. 이러한 사실에 대해 도를 통할 수 있는 상제님 말씀이 있습니다.

♣ 천지간에 가득 찬 것이 신이니 풀잎 하나라도 신이 떠나면 마르고 흙 바른 벽이라도 신이 떠나면 무너지고, 손톱 밑에 가시 하나 드는 것도 '신이 들어서' 되느니라. 신이 없는 곳이 없고, 신이 하지 않는 일이 없느니라. (4:62:4~6)

손톱 밑에 가시가 드는 것, 길을 가다가 누구와 부딪혀 자빠지는 것, 교통사고가 나는 것 등 크고 작은 모든 사건은 신이 들어서 일어나는 것입니다.

물론 이들 신은 사건에 따라 천차만별입니다. 인격신도 있고 자연신도 있고, 사신邪神도 있고 정신正神도 있고, 보호신도 있고, 조상신도 있습니다. 『도전』을 정성들여 읽어 보면, 신도 세계에 대해 체계적이고 종합적인 눈을 뜰 수 있습니다.

이와 신은 진리의 두 얼굴입니다. 이는 공부를 해서 이치로써 깨달을 수 있습니다. 이는 인간이 이성적, 합리적으로 이해할 수 있는 세계입니다. 그러나 신의 세계[神道]는 인간이 제 아무리 지식이 많아도 결코 알 수 없는 세계입니다. 신도神道는 오직 직접적인 체험을 통해서만 알 수가 있습니다. 그것을 가능하게 하는 것이 바로 수행과 기도입니다.

한마디로 인간 역사를 제대로 알기 위해서는 천지 이법도 알아야 하고 신도에 대한 인식과 깨달음도 있어야 합니다. **진리의 두 축인 '이법과 신도'를 음양 일체로 볼 수 있어야 한다**는 말입니다. 그래야 우리 인간이 태어나서 살아가는 인류의 역사 과정을 바르게 인식할 수 있습니다.

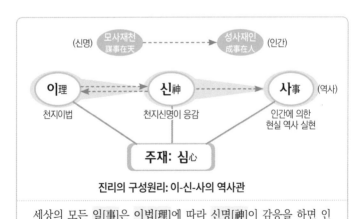

진리의 구성원리: 이-신-사의 역사관

세상의 모든 일[事]은 이법[理]에 따라 신명[神]이 감응을 하면 인간이 현실에서 이루어 나가는 것이다.

- 모사재천 : 일을 도모하는 것은 천상의 신명이다.
- 성사재인 : 오직 사람에 의해 그 일이 성취된다.

3

왜 조상신을 섬겨야 하는가

1. 조상은 제1의 하나님

천상에는 지상에 사는 인간보다 훨씬 더 많은 조상신, 다른 말로 선령신先靈神이 살고 있습니다. 선령신이란 나를 낳아 준 부모님을 비롯해서, 그 이전에 살다 가신 직계 조상과 외가 조상을 다 합쳐서 일컫는 말입니다.

사람이 이 세상에 태어날 때 그냥 태어나는 것이 아닙니다. 증산 상제님께서는 조상들이 쓸 만한 자손 하나를 얻기 위해서 60년 동안 천상에서 기도를 한다고 하셨습니다. 보통 30년을 한 세대로 잡는데, 두 세대를 거치는 동안 내내 기도를 한다는 말씀입니다. 말이 60년이지 우리 인간으로서는 상상도 못 할 일입니다.

✤ 하늘이 사람을 낼 때에 무한한 공부를 들이나니 그러므로 모든 선령신들이 쓸 자손 하나씩 타내려고 60년 동안 공을 들여도 못 타내는 자도 많으니라.

(2:119:1-2)

나를 낳아 주어 이 세상에 나를 있게 한 선령신! 선령신은 내 생명의 근원, 내 생명의 창조주입니다. 우주의 조화옹 하나님이신 상제님께서 "너희는 선령을 찾은 연후에 나를 찾으라"(7:19:2)고 하신 연유가 여기에 있습니다.

이에 대한 안운산 태상종도사님의 말씀을 들어 보겠습니다.

❋ 가장 존귀한 내 자신을 낳아 준 사람이 누구인가? 바로 내 부모, 내 조상이다. 조상으로 하여금 내가 태어났기 때문에 내 개인에게는 '조상이 제1의 하나님'이다. 상제님보다도 우선되는 제1의 하나님이다.

2. 자손이 살아야 조상도 산다

천지 부모가 인간 농사를 짓는 12만9천6백 년 한 주기에서, 지금은 우주의 봄여름이 다 지나고 가을로 들어가는, 천지에서 참 인간 종자를 추리는 대개벽기입니다.

그런데 이때 내 생명이 참 종자가 되느냐 못 되느냐 하는 것은 단순히 내가 살고 죽는 문제에 국한되는 것이 아닙니다. 천상에 있는 수십 수백 대 선령신들의 생사 또한 여기서 판가름이 납니다. 선령신이 우주 가을에 열매로 남느냐, 쭉정이가 되어 없어지느냐 하는 문제가 나에게 달려 있다는 말입니다. 조상과 자손이 가을 개벽기에 함께 열매 맺는 이치 때문입니다.

그래서 지금 모든 선령신이 자기 자손을 척신의 손에서 빼내어 새 운수의 길로 인도하려고 분주히 서두르고 있습니다. 자손 하나라도 더 건져 내려고!

이 조상과 자손의 관계에 대해 태상종도사님은 "조상은 자손의 뿌리요 자손은 조상 선령의 숨구멍이다. 자손이 하나도 없이 다 죽어 버리면 조상 신명들은 숨구멍이 막혀서 죽는다"고 하셨습니다. 조그마한 순筍 하나가 돋아나 고목이 살아나듯이, 자손이 하나라도 살아남아야 조상이 살 수가 있다는 말씀입니다.

3. 조상의 음덕으로 구원받나니

상제님은 가을 개벽기에 구원의 은총을 받는 자손에 대해 "선령의 음덕蔭德으로 나를 믿게 되느니라"(2:78:4)라고 하셨습니다. 음덕이란 남모르게 베푸는 덕, 드러나지 않은 덕을 말합니다. 이 말씀은 조상이 마음을 잘 닦고 세상을 위해 좋은 일을 많이 하면, 그 음덕으로 자손이 잘되고 상제님을 믿게 된다는 것입니다.

※ 음덕이 있는 자는 들어왔다가 나가려 하면 신명들이 등을 쳐들며 '이곳을 벗어나면 죽으리라' 이르고, 음덕이 없는 자는 설혹 들어왔을지라도 이마를 쳐 내치며 '이곳은 네가 못 있을 곳이라' 이르느니라.

(2:78:4~5)

'윗물이 맑아야 아랫물이 맑다'는 속담이 있습니다. 선령이 악독하게 살면 그 자손의 삶에 바람 잘 날이 없습니다. 왜냐하면 선령 때문에 원한을 맺은 신명이 다 달려들기 때문입니다. 그것을 **척신 발동**이라 합니다.

"적덕지가積德之家에 필유여경必有餘慶이요, 적악지가積惡之家에 필유여앙必有餘殃이라"는 말이 있듯이 적덕가의 자손에게는 그 선령의 덕을 입은 신명들이 고맙다고 은혜를 갚아 주므로 반드시 경사스런 일이 있고, 적악가의 자손에게는 해를 입은 신명들이 보복을 하므로 반드시 재앙이 뒤따릅니다. 그래서 상제님께서 "선령신이 짱짱해야 나를 따르게"(2:78:1) 된다고 말씀하신 것입니다.

4. 왜 제사와 천도식을 모셔야 하는가

앞에서도 여러 번 강조했듯이, 가을의 정신은 원시반본原始返本입니다. 그래서 가을 개벽기에는 근본으로 돌아가야, 뿌리를 찾아야 삽니다. 인간이라면 누구나 집안의 조상을 찾고, 민족의 조상을 찾고, 문화의 근원을 찾고, 진리의 근원을 찾아야 살아남을 수 있습니다.

조상을 잘 섬기면 조상이 자손 줄을 찾아 하늘에서 땅으로 내려오고, 자손이 조상의 품으로 돌아가 조상과 내가 하나가 됩니다. 나아가 서로 생명 기운, 기도 기운을 주고받아 '뿌리'인 조상과 '열매'인 자손이 함께 튼튼해져서 같이 구원을 받게 됩니다.

조상 섬기기가 얼마나 중요한지, 상제님께서 이렇게 밝혀 주셨습니다.

☞ 너희는 '선령을 찾은 연후에' 나를 찾으라. 선령을 찾기 전에 나를 찾으면 욕급선령辱及先靈이 되느니라.

(7:19:2)

인간은 선령에게서 몸을 받아 태어나기 때문에, 선령을 먼저 모신 후에 상제님을 섬기라고 하십니다. 이것이야말로 참 진리의 가르침이 아니겠습니까?

그러면 조상님을 섬기려면 무엇을 어떻게 해야 할까요? 무엇보다 제사를 모셔야 합니다. 상제님께서는 "조상은 아니 위하고 나를 위한다 함은 부당하나니 조상의 제사를 극진히 받들라"(2:26:9)고 하셨습니다. 제사는 생명의 뿌리인 조상을 경배하고 그 은혜를 기리는 성스러운 의식입니다.

조상 제사를 지내는 것은 천지의 덕에 합하는 것입니다. 인간 생명을 낳아 주는 천지 부모를 대행하는 분이 바로 조상이기 때문입니다.

> ☆ 사람이 조상에게서 몸을 받은 은혜로 조상 제사를 지내는 것은 천지의 덕에 합하느니라. (2:26:10)

서양의 유일신 문화에선 하나님만 믿고 모시면 되는 줄 알지만, 천상 신도 세계의 주재자이신 상제님은 먼저 조상을 위해야 한다고 하셨습니다.

'하나님 외에 다른 신은 섬기지 말라'는 말은 다른 신을 모두 피조물로 보는 편협하고 불평등한 신관입니다. 이 때문에 제 민족의 주신도 부정하고, 제 조상을 마귀로 취급하여 제사를 우상 숭배로 치부하는 병폐가 생겼습니다.

선령은 영적 생명으로 살면서 자손이 제사 지내며 올리는 제물을 흠향합니다. 따라서 제사 지내는 것은 너무도 중요한 예식입니다.

조상을 섬기는 또 다른 방법으로 천도식薦道式이 있습니다. 천도식은 조상의 원한을 풀어 드리고 나아가 조상을 상제님의 대도大道 세계로 인도하는 거룩한 의식입니다. 선령들에게 상제님 신앙을 할 수 있는 길을 틔워 드리는 것입니다. 천도식을 봉행한 후 자손이 조상을 지극정성으로 잘 받들고 기도와 수도를 꾸준히 하면, 조상을 후천선경으로 모실 수 있게 됩니다.

천도식을 올리면 조상이 찾아옵니다. 그때 오든지, 며칠 후에 오든지 반드시 응감을 합니다. 또한 극복하기 어려운 일이 있거나 위기에 처했을 때 조상들이 나서서 도와줍니다.

또 형제나 가족, 조상이 원한을 맺고 죽어서 신명이 되어서도 집안을 들락거리며 나쁜 기운을 뿌리면, 그 기운에 걸려서 가족들이 아프거나 사고가 나고 싸움이 일어나기도 합니다. 천도식은 바로 그것을 끌러 줍니다.

6.조상과 자손이 함께 구원 받는 천지성공

상제님과 태모님께서는 앞으로 오는 가을개벽에서 '구원의 첫 손길'로 작용하는 조상을 부정하는 자, 조상 제사를 거부하는 자, 민족의 뿌리를 부정하는 자는 가을철에 열매를 맺을 수 없는 '죽음의 종자'라고 무섭게 경계하셨습니다.

☀ 이때는 원시반본하는 시대라. 혈통줄이 바로잡히는

> 때니 환부역조換父易祖하는 자와 환골換骨하는 자는
> 다 죽으리라. (2:26:1~2)
>
> ☀ 선령을 박대하면 살 길이 없느니라. (11:407:4)

선천의 어떤 성자도 선령신 섬기는 것을 인간이 구원
받는 첫째 주제로 강조하지 않았습니다. 하지만 선령신
을 섬기는 것은 내가 가을의 참 인간으로 생존할 것인지,
천지의 생명부에서 영원히 사라지고 말 것인지를 결정짓
는 중차대한 과제입니다.

더욱이 이번 가을 개벽기의 구원은 나 혼자만의 구원이
아닙니다. 상제님의 말씀에 따르면, 내가 구원을 받음으
로써 천상에 있는 나의 모든 조상이 함께 구원을 받게 된
다는 것입니다. 내가 살면, 나를 있게 해 주신 시조 할아
버지서부터 수십, 수백 대에 걸친 모든 조상, 즉 내 생명
의 뿌리가 함께 사는 것입니다.

몇 해 전, 강원도 태백산에 가서 본 주목朱木 나무에서
그러한 사실을 실감하였습니다. 주목은 살아서 천 년, 죽
어서 천 년을 간다고 합니다. 분명히 죽은 나무 같은데 저
위쪽에 순 하나가 달려 있었습니다. 그 새싹 덕분에 나무
가 다시 살아나게 된 것입니다.

그와 마찬가지로 개벽철에 아무리 못난 자식이라도 자

손 하나가 살아남으면 조상이 다 구원 받을 수 있습니다. 하지만 자손이 단 한 명도 구원을 받지 못해서 멸절되면 조상도 모두 함께 멸망을 당합니다.

이것이 천지성공의 실질적인 내용입니다. 조상과 자손이 함께 구원 받아 우주 가을철에 새로 열리는 후천 세상으로 함께 들어가는 것, 이것이 천지성공의 또 다른 뜻입니다.

따라서 우리는 무엇보다 조상에 대한 '보은 의식'을 가져야 합니다. 아무리 살기 어려운 환경에 처해 있다 해도 내 뿌리인 조상을 원망하면 안 됩니다. 그것은 내 생명을 끊고, 내 삶을 송두리째 던져 버리는 파괴적인 행위입니다. 나의 뿌리와 하나 되어 생명 기운을 받음으로써만 인간은 모든 것을 온전하게 실현할 수 있는 것입니다.

4
지금은 인간과 신명이 해원하는 때

1. 원한이란 무엇인가

박경리의 소설 『토지』를 보면, 조준구라는 자가 재산을 다 뺏으려고 하자 어린 서희가 눈에 시퍼런 칼날을 품고 절규합니다. "찢어 죽이고 말려 죽일 테야!"라고. 하도 못 살게 구니까 원한이 사무쳐서 천진난만하던 어린아이의 입에서 그런 말이 튀어 나온 것입니다.

이렇듯 원冤은 남에게 일방적으로 당해서 가슴이 아픈 것을 말합니다. 원은 개별적인 정서로서 개인의 삶과 환경에 따라 내용이 다양합니다.

반면에 한恨은 보편적인 정서입니다. 사람은 자생自生하는 인생의 본질적인 문제, 근본 과제 때문에 가슴에 나름대로 한이 맺힙니다. 예컨대 부모가 일찍 돌아가셔서 영혼에 상처가 생겼다면, 그것이 한이 됩니다. 인간이 성숙해 나가는 과정에서 입은 상처가 축적되어 맺힌 것이 한입니다.

이러한 원과 한의 문제를 대수롭지 않게 여기고 "아, 나는 좋은 집에 태어나 배부르게 잘 먹으며 즐겁게 살고, 또 사업도 잘 돌아가니, 그런 건 내가 알 바 아니다. 원한이 없으면 인간이 아니지, 원한이 없는 인간이 어디 있나!" 이렇게 이야기하고 넘어갈 일이 아닙니다.

왜냐하면 상극 질서 속에서 파생된 인간과 신명의 원한이 '인류 역사에서 벌어지는 비극의 근원'이기 때문입니다. 원한은 선천 말대를 사는 인류의 내면 깊은 곳, 의식의 저 깊은 곳에서 천지의 강물처럼 도도히 흐르고 있습니다.

천지 안에 가득 차 있는 원과 한을 풀어 주지 않으면 새 세상을 열 수가 없습니다. 새 세상이 올 수도 없습니다. 지축이 서서 자연 개벽이 백 번 천 번 이루어진다 할지라도, 현실 세계는 더 참혹한 원한의 불구덩이 속으로 빠져들 뿐입니다.

2. 척이 없어야 잘 산다

인간이 품은 원한의 고통은 시간이 지남에 따라 점점 증폭됩니다. 여기서 증오심이 생기고, 보복의 문제가 생깁니다. 그것을 한 글자로 척隻이라 합니다. 남에게 원한을 맺게 하여 그 사람과 원수지간이 되는 것을 '척 짓는다'고 합니다.

선천의 역사는 악척의 역사였습니다. 피의 역사요, 보복의 역사요, 저주의 역사였습니다. 그 예를 하나 들어 볼까요?

조선조 7대 임금 세조가 어린 조카 단종을 내쫓고 왕이 돼서는, 사약을 내려 단종을 죽이고 시신은 강원도 영월 강변에 버리게 하였습니다. 그러자 단종의 어머니인 현덕 왕후가 세조가 졸고 있을 때 꿈결에 나타나, "에이 나쁜 놈, 더러운 놈!" 하면서 침을 뱉어 버립니다. 그 뒤로 세조는 그 침 맞은 자리에 피부병이 생겨서 평생을 앓다가 죽습니다.

경기도 구리시에 있는 현덕 왕후(1418-1441)의 능. 23세의 나이에 단종을 낳고 세상을 떠났다. 처음에는 안산에 있는 소능에 묻혔으나 세조에 의해 파헤쳐졌으며 이후 70여 년이 지난 후에야 지금의 장소로 이장되었다.

그리고 당시 세조를 도와 모사를 한 한명회도 뒤끝이 안 좋았습니다. 한명회는 제 딸을 왕후 만드는 일에 평생을 애쓰다 죽었습니다. 그런데 그 딸들 가운데 조선 제8대 왕인 예종의 원비가 된 장순 왕후는 자식 하나 낳고 젊은 나이에 요절했고, 그 다음 왕인 성종의 왕비가 된 공혜 왕후도 자식 하나 없이 요절하고 말았습니다. 또한 한명회의 동생도 29세에 요절해 버렸습니다. 모두 척이 발동해서 신명이 잡아간 것입니다.

이 외에도 이런 사례는 수없이 많습니다.

그러니 사람은 세상을 좋게 살아야 합니다. 덕을 베풀면서 살아야 합니다. 그렇지 않고 남 잘 되는 것 못 보고 남에게 해코지를 하면, 반드시 척을 받아 생을 좋게 마감할 수 없습니다. 해코지당한 사람들이 죽은 뒤 척신이 되어 가해자는 물론이고 그 자손 대까지 쫓아다니며 철저하게 보복을 하는 것입니다.

그래서 **증산 상제님께서는 '척이 없어야 행복하게 잘 살 수 있다'**고 하셨습니다.

⚜ 상말에 '무척 잘 산다' 이르나니 '척이 없어야 잘 산다'는 말이니라. (2:103:1)

"무척 잘 산다"에서 '무척'은 요즘에는 '다른 것과 견줄 수 없이', '대단히'라는 뜻으로 쓰입니다. 그런데 상제님은 이 말을 '남과 척이 없다. 남에게 미움 사는 게 없다'는 의미라고 풀어 주셨습니다.

3. '뱃속 살인'이 남기는 하늘을 꿰뚫는 원한

원과 한의 실상을 밝혀 주신 **상제님께서는 역사상 처음으로, 사람으로 태어나지 못하고 죽은 자의 원한에 대해 무서운 말씀을 하셨습니다.** 바로 낙태아의 원한입니다.

> ☀ 뱃속 살인은 천인공노할 죄악이니라. 그 원한이 워낙 크므로 천지가 흔들리느니라. (2:68:1~2)

태아는 부모의 합궁으로, 음적 기운인 어머니의 난자와 양적 기운인 아버지의 정자가 만나서 만들어집니다. 이 태아가 온전한 사람이 되기 위해서는 입혼入魂이 이루어져야 합니다. 하늘사람[神, 魂]이 그 집안 조상신들의 입회 하에 어머니 자궁 속 태아에게 들어가는 것입니다. **입혼식**이 거행된 후, 태아는 모태 속에서 조상신의 음호를 받으며 출생하는 순간까지 성장합니다.

그런데 임신 중절을 하면 태아의 영靈과 육肉이 갈가리 찢기고 유린되어 그 신명은 철천지한徹天之恨을 품고 천지 간을 떠돌아다니게 됩니다. 밤톨만 한 신체, 잘려 버린 손과 발, 처참하게 찢겨진 상처!

영으로 보면, 낙태당한 그 어린 신명들도 우리와 똑같이 생각도 하고 감정을 갖고 있습니다. 그 신명들은 수십 수백 명이 어깨동무를 하고 떼를 지어 몰려다니며 원망이 가득 찬 눈으로 우리를 노려봅니다.

그런데 그 신명들은 정상적으로 살 수가 없기 때문에 자살을 합니다. 자기를 완전히 소멸시키는 것입니다. 이것이 신명의 자살 사건입니다. 달리는 차에 뛰어들어 박치기를 하거나, 전쟁터에 가서 쏟아지는 포탄에 몸을 던져 자기를 해체시켜 버립니다. 그래서 상제님이 "예로부터 처녀나 과부의 사생아와 그 밖의 모든 불의아의 압사신壓死神과 질사신窒死神이 철천의 원을 맺어 탄환과 폭약으로 화하여 세상을 진멸케 하느니라"(2:68:3~5)라고 말씀하신 것입니다.

이처럼 천지는 신명들의 원한으로 가득 차 있습니다. 이것은 도덕적으로 교화教化를 한다고 해서 해결되는 문제가 아닙니다. 이미 그 경지를 벗어난 것입니다. 물론 해결되는 경우도 있겠지만, 여름철 말까지는 대세가 이렇게 원한의 역사로 둥글어 갑니다. 결국 상제님이 오셔서 모든 인간 문제가 크게 한 번 정리되어야 새 세상을 열 수 있습니다. ✩

4. 역사상 가장 뿌리 깊은 원한은

그러면 그동안 이 세상을 살다간 신명들 가운데 누구의 원한이 가장 뿌리 깊으며, 역사에 가장 큰 영향을 주었을까요? 이것은 인류의 고통 문제를 역사적인 안목에서 볼 수 있게 해 주는 중요한 문제입니다.

상제님은 역사상 가장 큰 원한은 바로 '단주丹朱의 원한'이라고 하셨습니다.

단주는 누구일까요? 단주는 지금부터 4천3백 년 전, 요순 시대 요堯임금의 맏아들로 왕위를 물려받을 왕자였습니다.

요순시대라 하면 일반적으로 요임금과 순임금이 성인의 도덕으로 나라를 다스린 태평성대라고 알려져 있는데 사실은 그렇지 않습니다. 『순자荀子』, 『한비자韓非子』, 『죽서기년竹書紀年』, 『급총죽서汲冢竹書』 같은 고전에 그 실상이 기록되어 있습니다.

요임금은 처음 왕위에 오를 때에도 무력으로 자기 이복

형을 내치고 자리를 차지하였습니다. 당시 요임금이 천하를 무력으로 정벌하면서 사람을 워낙 많이 죽여 세상이 온통 피로 물들었다고 합니다. 그 무렵 9년 홍수라는 대홍수가 있었는데, 상제님은 그때 죽은 사람들의 저주와 피눈물로 9년 홍수가 일어난 것이라고 말씀하셨습니다.

또한 요임금은 단주의 정치 이념이 자신과 다르다고 해서 단주에게 왕위를 넘기지 않았습니다. 신하들이 단주를 후계자로 주청하였으나 요임금은 단주가 불초不肖하다고 하면서, 혈육이 아닌 순舜에게 왕위를 넘기고, 두 딸까지 주어 순을 사위로 삼았습니다. 그리고 단주에게는 바둑을 만들어 주면서 '바둑이나 두며 세월을 보내라' 하고 변방으로 쫓아 보냈습니다.

단주는 본래 동방족과 서방족을 하나로 통일하여 대동세계를 만들려는 원대한 꿈을 갖고 있었습니다. 그런데 아버지 요임금 때문에 모든 것이 물거품이 되어 버리고 바둑으로 소일을 하며 살아야 했으니 그 원한이 얼마나 사무쳤겠습니까?

이에 상제님께서 '단주의 그 깊은 원을 누가 만의 하나라도 알아 주리오' 하시고 다음과 같이 말씀하셨습니다.

☙ 이제 원한의 역사의 뿌리인 당요의 아들 단주가 품은

깊은 원寃을 끄르면 그로부터 수천 년 동안 쌓여 내 ☆
려온 모든 원한의 마디와 고가 풀릴지라. (2:24:4~5)

천지에 쌓인 원한을 끌러 내려면 원한의 뿌리인 단주의
원한부터 끌러야 한다는 것입니다. 단주의 원한을 끌러
주면 다른 원한도 자연스럽게 모두 해소될 수 있다는 말
씀입니다.

왜 그럴까요? 그것은 '벼리의 원리' 혹은 '도미노의 원
리'로 설명할 수 있습니다. 그물을 다 끌어 올리지 않아도

중국 하남성 복양시
단주 묘에 있는
단주 사당 전경

위패를 모셔 놓은
1층 내부 모습

중국 5천 년 모든 유적지 가운데 가장 초라하고 어둡고 버림받은 곳이 바로 이 단주의
무덤과 사당이다.

그물의 벼리를 당기면 그물코 전체가 끌려오지 않습니까?

단주의 원한 때문에 인간 역사의 모든 질서가 크게 비뚤어졌으므로, 상극 세상의 역사 질서를 바로잡으려면 단주 해원부터 시작해야 하는 것입니다.

5. 단주 해원으로 새롭게 열리는 인류 역사

과연 단주는 요임금의 말대로 불초한 인물이었을까요? 상제님의 말씀을 보면 전혀 그렇지 않습니다.

"요순의 도는 좁은 것이라"(4:31:2)는 말씀으로 볼 때, 단주는 자기 아버지 요임금이나 그 뒤를 이은 순임금보다 의식의 발상이라든지 국제정세를 보는 안목이 확 트인 인물이었습니다. 실제로 그는 동방의 이족夷族[한민족]과 서방의 하족夏族[중국민족] 간에 계속되던 전쟁을 끝내고, 대동단결하는 평화로운 세상을 만들겠다는 큰 생각을 가지고 있었습니다.

중국 한족이 주변 민족을 전부 오랑캐로 몰아버린 패악은 바로 요임금이 단주를 쫓아내 버린 이때부터 싹튼 것입니다. 중국과 동방 조선 사이에 대립 구도가 뿌리 내리게 된 것도, 따지고 보면 두 민족을 한 마음으로 살게 하려 했던 단주의 이상이 좌절되었기 때문입니다. 그 결과 이민족을 오랑캐라 무시하는 중화中華 사상이 생겨났습니다.

이러한 역사적 사실은 어느 정도 알려져 있지만, 그 핵심을 아는 사람은 거의 없습니다. 사실, 단주의 원한을 아는 사람이 없습니다. 상제님이 처음으로 밝혀 주신 것입니다.

상제님께서는 9년 천지공사를 보실 때 단주를 해원시키기 위해 약장 중앙에 **단주수명丹朱受命**이라고 쓰셨습니다. '단주가 수천 년 만에 하나님의 명을 받는다, 상제님께서 단주에게 천명을 내리신다'는 뜻입니다.

또한 상제님은 "**단주를 머리로 하여** 세계 원한 다 끄르니 **세계 해원 다 되었다네**"(6:93:9)라고 노래하셨습니다. 인간 역사상 가장 뿌리 깊은 단주의 원한이 끌러지면서, 전 인류의 원한이 끌러지는 기점을 마련했다는 말씀입니다. 단주 해원으로 천지 대운이 새롭게 열립니다!

6. 치유의 도道이며 구원의 도, '해원'

이렇듯 상제님 진리는 그 바탕이 '해원解冤'입니다. 해解는 '푼다, 끌러 낸다, 해소한다, 해결한다'는 뜻이고 원冤

은 '원통할 원 자'입니다. 해원이란 선천 상극 질서 속에서 생겨난 모든 원한을 끌러 낸다는 뜻입니다.

해원을 통해서 상극 세상이 완전히 극복됩니다. 그리하여 진정으로 모든 생명이 하나 되어 웃음으로 살고 서로 잘 되게 받들어 주는 '상생의 세상'이 열립니다. 상제님은 해원으로써 상생의 도를 열어 놓으신 것입니다.

해원은 본질적으로 인간 생명의 본체인 마음을 치유하는 길입니다. 그리고 인간이 살고 있는 사회, 역사, 문명의 모든 구석, 심지어 자연까지 치유하는 생명의 도입니다. 원통함을 끌러 내는 것, 이것은 참으로 강력하고 보편적인 구원의 도입니다!

선천 세상의 성자들은 우주의 상극 질서를 전혀 인식하지 못한 채 '서로 사랑하라, 자비를 베풀라'는 인간 삶의 방식에 대한 원론적인 가르침만 내려 주었습니다. 물론 그런 가르침도 필요하지만 그것만으로는 하추교역기에 인간이 안고 있는 모든 문제를 근본적으로 해결해 주지 못합니다. 상제님께서 다음과 같이 말씀을 하신 연유가 바로 이 때문입니다.

✤ 공자가 알고 하였으나 원망자가 있고, 석가가 알고 하였으나 원억寃抑의 고를 풀지 못하였거늘. (2:95:3)

선천 성자들은 결코 중생의 한과 원통함을 못 풀었다는 말씀입니다. 예수도, 공자도, 석가도, 노자도 모두 마찬가지입니다. 인류사에서 가장 크고 뿌리 깊은 원한이 아직 맺혀 있는데, '원수를 네 몸처럼 사랑하라!' 또는 '마음을 닦으라!'고만 하면 되겠습니까? 이 문제는 오직 "공자, 석가, 예수는 내가 쓰기 위해 내려 보냈느니라"(2:40:6)고 선언하신 우주의 주권자 상제님만이 끌러 주실 수 있는 것입니다. 그래서 선천 여름철 말에 상제님께서 인간 세상으로 내려오셨습니다.

그러면 이제 5장에서는 증산 상제님이 이 땅에 오셔서 천상 신도 세계를 바탕으로 하여 짜 놓으신 '신명과 인간을 해원시키는' 천지공사 이야기로 들어가겠습니다.

제 **5** 장

내가 이제
하늘도 땅도 뜯어고쳐

천하대세를 아는 자에게는
천하의 살 기운[生氣]이 붙어 있고
천하대세에 어두운 자에게는
천하의 죽을 기운[死氣]밖에 없느니라. (2:137:3)

가을개벽을 앞둔 인류의 생사는 한마디로 천하대세
에 눈을 뜨느냐 못 뜨느냐, 여기에 달려 있습니다. 하
추교역기에 인간으로 오신 증산 상제님은 대변혁의 환
란을 넘어 우주의 꿈인 조화 선경 문명이 천상이 아닌
지상에서 열리도록 짜 놓으셨습니다.

이제 5장에서는 상제님께서 짜신 신천지의 설계도,
새 역사의 이정표인 9년 천지공사에 대해 구체적으로
살펴보고 이를 통해서 천하의 대세를 가늠해 보기로
하겠습니다.

<hr />

이 장의 핵심 주제어

천지공사, 세운, 도운, 삼변 성도, 오선위기, 상씨름, 화둔 도수,
천지 한문開門, 병란病亂, 천지 어머니, 수부 도수

1

천지공사란 무엇인가?

1. 인류 역사 최대의 사건, 천지공사

❅ 나의 일은 천지를 개벽함이니 곧 천지공사니라.

(5:3:6)

'천지공사'란 무엇일까요? 아마 이 말을 처음 듣는 독자들이 많을 것입니다. 천지공사는 인간으로 강세하신 우주의 통치자, 증산 상제님께서 처음 쓰신 언어입니다. 여기에는 인류의 운명에 대한 놀라운 이야기가 담겨 있습니다.

원래 공사公事는 옛날에 관헌이 백성의 송사를 듣고 뜻을 모아 공정하게 판결을 내리던 일을 말합니다. 그러므로 천지공사는 천지의 일을 판결하는 것입니다. 다시 말해 천지공사는 상제님께서 '천상신명과 인간 역사를 심판하는 판관'이 되셔서 천지 부모의 뜻이 가을철에 성취될 수 있도록, 선천 상극 세상의 틀을 뜯어고쳐 새 세상의

기틀을 짜신 일입니다.

☸ 이제는 '병든 천지'를 바로잡아야 하느니라. (2:58:2)
☸ 구舊천지 상극相剋 신新천지 상생相生 (11:345:2)

정녕 천지의 주관자가 아니면 그 누가 하늘과 땅을 뜯어고치는 '천지공사'를 행할 수 있겠습니까? 오직 한 분, 삼계 대권을 가지신 우주의 주재자만이 하실 수 있습니다. 모든 신명을 통제할 수 있는 권한을 가지신 절대자 하나님, 상제님 외에는 누구도 할 수 없는 일입니다.

☸ 신축년 이후로는 내가 친히 다스리느니라. (2:13:7)

상제님께서 신축(1901)년에 천지공사를 시작하심으로써 바야흐로 인류 역사에 '상제님의 친정親政 시대'가 열렸습니다. 상제님이 천상이 아닌 지상에서 역사 속의 한 인간으로서 '천지 정사政事'를 집행하신 것입니다.

상제님께서 '가을 우주 정치 시대' 개막을 선포하심으로써 시작된 천지공사는 역사상 최대의 사건으로, 병든 천지와 인간 세상을 뜯어고치신 전대미문의 대개벽 공사입니다. 천지공사는 천지의 주인이신 상제님이 천지와 더불어 친히 기획하신 **가을철 통일 문명의 설계도이자 청사진**인 것입니다.

상제님은 천지공사를 구성하는 각 세부 프로그램을 '천지 도수天地度數' 또는 줄여서 도수라 하셨습니다. '도수'란 상제님께서 천시天時에 맞추어 인류 역사가 꼭 그렇게만 전개되도록 프로그램을 짜 놓으신 '역사의 시간표', '이정표'를 말합니다. 상제님의 천지공사 설계도를 따라 한 도수가 끝나면 다음 도수가 이어지면서 새 역사의 장이 펼쳐지는 것입니다.

2. 천지공사는 신명 해원 공사

2장에서 살펴본 대로, 지금까지 인류가 살아 온 선천의 봄여름은 상극相克의 세상입니다. 상극 질서가 인간과 만물을 지배하여 하늘과 땅이 서로 대립하고, 인간과 자연 그리고 인간과 인간이 대립하며 성장하여 왔습니다.

때문에 선천 역사는 갖가지 원한으로 점철되었습니다. 인간 취급을 받지 못한 노예들의 원한, 남자에 비해 열등한 존재로 차별 받은 여성들의 원한, 불의한 세상을 뒤엎고 좋은 세상을 만들기 위해 나섰다가 역적으로 몰려 죽은 혁명가들의 원한 등, 그 예는 이루 헤아릴 수가 없습니다.

그러면 그토록 깊은 원과 한을 맺은 수많은 원신寃神과 역신逆神을 그대로 둔 채 새로운 세상을 열 수 있을까요? 결코 불가능합니다. 그 신명들이 천상 신명계에 고스란히 살아남아서 인간 세상에 파괴와 죽음의 기운을 뿌리고 있기 때문입니다. 상제님은 이 신명들의 원과 한을 풀어 주지 않고서는 도저히 이 세상을 건져 낼 수 없다고 진단하셨습니다.

> ❋그러므로 이 원한을 풀어 주지 않으면 비록 성신聖神과 문무文武의 덕을 함께 갖춘 위인이 나온다 하더라도 세상을 구할 수가 없느니라. (2:52:3)

이 말씀은 '신명들을 해원시켜 주지 않으면 가을철이 와도 내내 선천 세상과 똑같다, 선천의 연장판이 된다'는 것입니다. 그래서 상제님은 신명들을 해원시킴과 동시에 완전히 새로운 세상을 열어가는 방도를 취하셨습니다. 즉 신명 해원 공사로써 천지공사의 판을 짜셨습니다.

3. 우주 통치의 사령탑, 천상 조화정부

상제님은 천지공사를 보시기 위해 먼저 천상의 신명들을 모아 조화정부造化政府를 조직하셨습니다. 대우주의 신명계는 이 조화정부를 중심으로 100여 년 전에 비로소 하나로 통일되었습니다. 상제님께서 우주 역사상 처음으로 신명계를 통일하신 것입니다.

이 조화정부에서 신명들이 상제님의 천명을 받들어 천지인 삼계를 총체적으로 개벽하는 천지공사의 전 과정을 설계하고 집행합니다. 조화정부는 한마디로 '우주를 통치하는 사령탑'입니다.

이 사령탑은 상제님의 조화권을 쓰는 천상 정부이기 때문에 '조화정부'라 부릅니다. 상제님은 여기에 모인 신명들에게 당신님의 조화권과 함께 새로운 역사 창조의 과업을 내려 주셨습니다.

그러면 조화정부에는 어떤 신명들이 참여하고 있을까요? 여기에는 앞에서 말한 '원신'과 '역신'을 포함해서 문명을 발전시켜 세상에 많은 공덕을 쌓은 '문명신'과 '도통신', 각 민족의 주신主神인 '지방신', 각 성씨의 '시조가 되는 조상신'들이 참여하고 있습니다. 또 이러한 인격신만이 아니라 무수한 자연신도 조화정부에서 상제님의 명을 받들고 있습니다.

상제님은 이들 신명의 의견을 들으시어 원과 한을 끌러 주면서 가을 천지로 나아가는 역사의 이정표를 짜셨습니다.

| 지방신 통일 |

상제님께서는 천상 신명계를 바로잡음과 동시에 선천 역사에서 분란을 일으켜 온 지방신地方神들을 통일하셨습니다.

각 민족에게는 그 민족을 다스리고 보살펴 주는 수호신이 있습니다. 고대 그리스에는 제우스를 비롯한 열두 신이 있고, 중국에는 반고盤古, 일본에는 아마테라스 오미가미[天照大神]가 있고, 유대족에게는 야훼가 있습니다. 이들은 **그 민족의 창세기 시원 역사를 연 주신主神들**입니다.

이제까지 각 민족은 자신들이 섬겨온 주신을 하나님 또는 창조신이라고 불러왔습니다. 그러나 앞으로 우주가 하나로 통일되는 보편 문화 시대가 열리면서, 그 주신들은 태초에 우주를 창조한 신이 아니라는 것이 밝혀집니다. 그 주신들은 다만 한 민족 또는 한 지역을 맡아 다스리는 지방신일 뿐이기 때문입니다.

지금 지구촌에서 벌어지는 각 부족과 민족 간의 크고

작은 전쟁은 대부분 이 지방신들 간의 싸움입니다. 예를 들면 발칸 반도의 유고 사태, 이스라엘과 아랍국들 간의 전쟁, 중국의 소수민족 분쟁 등이 그렇습니다.

> ☙ 선천은 각국 지방신들이 서로 교류와 출입이 없고 다만 제 지역만 수호하여 그 판국版局이 작았으나 이제는 세계 통일시대를 맞아 신도神道를 개방하여 각국 신명들이 서로 넘나들게 하여 각기 문화를 교류케 하노라. (4:6:2~3)

이 말씀 그대로, 그동안 하늘과 땅과 인간 세상과 신명계가 서로 소통하지 못했습니다. 상제님께서 천지공사를 행하심으로써 비로소 신명 세계가 모두 개방되고, 지방신들이 서로 자유롭게 넘나들어 장차 후천 세상에 통일 문명이 열릴 수 있게 되었습니다.

| 지운地運 통일 |

또한 상제님께서는 지구촌 산하山河의 분열된 지운地運을 하나로 통일시켜 주셨습니다. 지역마다 사람들의 얼굴 형태, 피부색, 기질은 물론 언어, 풍토, 풍습이 참으로 다양한데, 이것은 각 지역의 땅 기운이 서로 다르기 때문입니다. 인류가 진정 한마음이 되어 새 역사를 만들어 나가기 위해서는 만유 생명의 젖줄인 땅 기운이 하나로 통일되어야 합니다.

※ 지방신과 지운을 통일케 함이 **인류 화평의 원동력이** 되느니라. (4:18:2)

그럼 지운의 통일은 어떻게 해서 이루어지는 것일까요?

※ 전주 모악산母岳山은 순창 회문산回文山과 서로 마주서서 부모산이 되었나니 부모가 한 집안의 가장으로서 모든 가족을 양육 통솔하는 것과 같이 지운地運을 통일하려면 부모산으로부터 비롯해야 할지라. 그러므로 이제 모악산으로 주장을 삼고 회문산을 응기應氣 **시켜 산하의 기령氣靈을 통일할 것이니라.** (4:19:4~6)

부모가 집안의 가족을 통솔하듯이, 지구의 산하에도 부모산이 있어 전 지구의 지운을 제어하고 통솔합니다. 그 부모산이 바로 한반도에 위치한 전주 모악산과 순창 회문산입니다.

상제님께서 어머니 산인 모악산을 주장主掌으로 삼고

아버지 산인 회문산의 기운을 그에 응기시켜 산하의 지운을 통일하셨습니다. 이로써 나라와 나라, 지역과 지역 문화 사이를 가로막고 있던 장벽이 모두 허물어지고 지구촌에 통일 문화가 꽃필 수 있게 되었습니다.

특히 순창 회문산에 있는 오선위기혈五仙圍碁穴 기운을 발음시켜 선천 상극의 봄여름철에 그토록 시끄러웠던 일체의 이념 논쟁이 종결되도록 공사를 보셨습니다. 이제까지 인류사에 시비是非가 되어 왔던 모든 사상思과 신앙의 대립은 회문산 '오선위기혈'의 발음을 타고 마무리됩니다. 이것이 다음에 살펴볼 '오선위기 도수'입니다.

4. 천지공사의 두 축, 세운과 도운

천지공사는 크게 세운世運과 도운道運으로 나누어 살펴볼 수 있습니다. 세운은 인간 세상의 역사 운로, 즉 **세계 정치 질서의 변화 과정**을 뜻합니다. **지구촌 역사가 전개되어 가는 기본 틀이 곧 세운**입니다. 그래서 세운 공사의 틀을 알면 이 세상이 어떻게 매듭지어지는지, 이 세계가 어떤 과정을 통해 개벽 상황으로 들어가는지를 알 수 있습니다.

도운은 **도**道의 운로, 즉 **상제님의 도가 세상에 펼쳐지**

는 과정을 말합니다. **상제님의 종통을 계승한 분이 상제님의 도를 이 땅에 뿌리 내리고, 장차 가을개벽의 실제 상황을 극복한 후 후천 선경을 건설하는 전 과정이 바로 도운입니다.** 넓은 의미에서 보면 도운에는 상제님이 내려 보내신 선천 성자들이 개창한 불교, 기독교, 이슬람교, 유교 등의 해원 과정도 포함됩니다. 그것은 불교의 용화 낙원, 기독교의 지상 천국, 유교의 대동 세계 등, 선천 종교에서 염원해 온 이상 세계가 상제님의 도법으로 성취되기 때문입니다.

상제님은 동서고금에 원한 맺혀 죽은 원신들은 세운世運에 투사하시고, 혁명가의 영신인 역신들은 도운道運에 쓰셨습니다. 상제님은 원신과 역신들로 하여금 후천 새

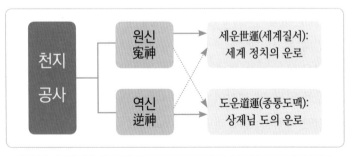

상제님은 천지에 가득 찬 원신과 역신을 세운과 도운에 붙여 그들의 원한을 끌러내셨다.

역사 창업에 주도적으로 참여케 함으로써 그들이 못다 이룬 꿈을 이루게 하시는 한편, 인류사에 가득 찬 원한의 불덩이를 근원적으로 해소시켜 주셨습니다.

그런데 이 세운과 도운은 서로 무관하게 전개되는 것이 아닙니다. 수레의 두 바퀴처럼 나란히 전개되어 가며 그 과정은 크게 세 마디의 변화를 거칩니다.

> ☸ 삼천三遷이라야 일이 이루어지느니라. (8:117:2)
> ☸ 내 일은 삼변성도三變成道니라. (5:356:4)

세운과 도운은 생生·장長·성成이라는 삼변 성도三變成道의 원리에 따라 세 번 크게 굽이치면서 끝매듭이 지어집니다. 세 번의 변국을 거친 뒤 가을개벽의 실제 상황으로 들어가는 것입니다.

2

상제님이 짜신 새 역사의 판도

1. 다섯 신선이 바둑을 두는 '오선위기 도수'

상제님께서 천지공사로써 물샐틈없이 굳게 짜 놓으신 세운의 판도는 어떻게 전개될까요?

✽ 내가 이제 천지의 판을 짜러 회문산回文山에 들어가 노라. (5:6:1)

전라북도 순창 회문산에 천지공사의 비밀을 간직한 중요한 혈穴자리가 있습니다. 바로 앞에서 말한 오선위기五仙圍碁 혈입니다.

다섯 오五, 신선 선仙, 에워쌀 위圍, 바둑 기碁 자!

오선위기 혈은 말 그대로 '다섯 신선이 바둑판을 둘러싸고 바둑을 두고 있는 형국'을 한 천하명당입니다. 증산 상제님은 이 땅기운을 역사상 모든 원신을 해원시키고 천지의 새 판을 짜는 세운공사에 취해 쓰셨습니다.

상제님은 왜 굳이 오선위기 혈을 택하셨을까요?

그것은 역사상 가장 뿌리 깊은 원한의 주인공으로서 오늘날까지 영향을 미치고 있는 단주를 해원시키기 위해서입니다. 제4장에서 이야기했듯이, 단주는 역사상 처음으로 바둑을 둔, 바둑의 시조입니다. 그 단주를 해원시키는 공사에 바둑 도수를 붙이시기 위해 오선위기 혈을 택하신 것입니다.

상제님께서는 단주 신명을 천상에서 세계 역사를 관장하는 주신主神으로 삼으셨습니다. 곧 생전에 천하를 대동 세계로 만들려는 큰 꿈을 갖고 있었던 단주 신명을 천상의 제왕 자리인 자미원에 앉히시고 "네가 이 세계 역사를 직접 통치해라!" 하고 명을 내리셨습니다.

☗ 이제 단주를 자미원에 위位케 하여 다가오는 선경세계에서 세운을 통할하게 하느니라. (4:31:6)

그렇게 해서 상제님께서는 이 세계가 나아갈 판도를 다섯 신선이 바둑을 두는 형국으로 잡아 돌리신 것입니다.

☗ 현하대세를 오선위기의 기령氣靈으로 돌리나니 두 신 선은 판을 대하고 두 신선은 각기 훈수하고 한 신선

은 주인이라. (5:6:2~3)

바둑판은 상제님이 강세하신 이 땅 한반도를 뜻합니다. 그래서 한반도가 지구촌 변혁의 구심점이 됩니다. 바둑돌은 한반도에 살고 있는 조선 사람들이고, 바둑을 두는 다섯 신선은 한반도 주변의 4대 강국과 바둑판의 원 주인인 조선(한국)입니다.

이 오선위기 도수에 따라서, 한반도를 둘러싼 4대 강국은 상제님이 천지공사를 보신 후 지금까지 절묘하게 힘의 대결을 벌이고 있습니다.

바둑판인 한반도는 지구촌 변혁의 구심점입니다.

오선위기와 4대 강국

상제님이 천지공사를 보신 후, 오선위기 도수에 따라서, 4대 열강이 조선 강토를 마치 제집 드나들 듯 다니며 서로 대립하다가 종국에는 전쟁으로 승패를 가려 왔습니다. 이러한 오선위기 구도는 러일전쟁(1904~1905)과 중일전쟁(1937~1945) 그리고 남과 북이 싸움을 시작했던 한국전쟁(1950~1953)에서 확인할 수 있습니다. 한반도를 둘러싼 국제 정치 질서는 이 오선위기의 틀 안에서 움직이고 있는 것입니다.

2. 세 차례에 걸쳐 펼쳐지는 씨름판

앞에서도 말했듯이 상제님은 원신을 세운에 투사하여 지구촌을 한집안으로 통일하는 '씨름판 도수'에 붙이셨습니다. 이로써 지구촌 열강의 세력 균형을 조정함과 동시에 천지신명을 해원시키시는 것입니다.

상제님은 이 다섯 신선의 바둑 대결 과정을 씨름판에 비유하셨습니다.

❀ 천하대세가 씨름판과 같으니, 애기판과 총각판이 지난 뒤에 상씨름으로 판을 마치리라. (5:7:1)

왜 하필 씨름판일까요?

씨름은 원래 동방 문화에서 태동한 놀이입니다. 씨름하는 두 선수가 잡는 청샅바 홍샅바는 천지의 음양을, 모래판의 둥근 원은 태극을 상징합니다. 선천 상극의 음양 운동을 인간의 놀이 문화로 만든 것이 곧 씨름입니다. 동방 문화의 주역인 한민족은 오랜 옛날부터 씨름을 전통적인 스포츠로 즐겨 왔습니다. 각 고을에서 장場이 설 때면 으레 씨름판을 벌이곤 하였습니다.

씨름은 세 차례에 걸쳐 진행됩니다. 먼저 애기판 씨름이 벌어지고, 다음에 총각판 씨름, 그리고 최종적으로 상씨름판이 벌어집니다.

애기판이란 아이들끼리 벌이는 씨름판입니다. 요즘 말로 하면, 본 게임에 앞서 벌어지는 '오픈게임', 곧 흥을 돋우기 위한 경기입니다. 다음 총각판은 머리를 길게 땋은 총각들이 벌이는 씨름입니다. 애기판보다 규모는 크지만 아직 본 게임은 아닙니다.

씨름판에서 **최고 씨름꾼**(천하장사)을 **뽑는 진짜 씨름**, 우승을 가리는 씨름은 상씨름입니다. 상씨름은 상투를 튼 어른들의 씨름으로 '더 이상이 없는 최후의 대결'입니다. 상씨름판의 승자에게는 상품으로 '소'를 주었는데 소를 걸고 겨루는 상씨름을 소결이라고도 합니다.

이렇게 세 판으로 열리는 씨름판 도수에 따라, 지난 20세기 국제 정세는 한반도를 중심에 놓고 세 차례 큰 전쟁을 거치며 전개되어 왔습니다. 한반도가 바둑판이자 동시에 씨름판인 것입니다.

이러한 **상제님의** 세운 공사로 볼 때, 우리는 한반도의 역사에 대한 인식을 새롭게 해야 합니다. 한민족의 근현대사 전체뿐만 아니라 세계사에 대한 해석 역시 달라져야 합니다. ✓

자, 그러면 먼저 애기판과 총각판 씨름을 구체적으로 살펴보겠습니다.

3. 애기판과 총각판 씨름

| 서양 제국주의를 물리친 애기판 씨름 |

상제님이 천지공사를 보시던 20세기 초는, 조선을 비롯한 아시아와 아프리카의 약소국들이 서양 제국주의에 짓밟혀 패망의 위기에 직면했던 때입니다. "이제 동양의 형세가 누란累卵과 같이 위급하므로 내가 붙들지 않으면 영원히 서양으로 넘어가게 되리라"(5:4:6) 하신 상제님의 말씀에서 당시의 절박한 상황을 느낄 수 있습니다.

서양 제국주의를 몰아내어 핍박 받는 약소국을 구원하

고 또한 유럽 본토에 자중지란自中之亂을 일으켜 제국주의가 무너지도록 기획하신 것이 바로 애기판 씨름입니다.

상제님은 애기판을 이끌고 갈 일꾼으로 당시 아시아에서 유일한 제국주의 국가로 막 성장한 일본을 내세우셨습니다.

애기판 씨름: 러일전쟁과 제1차 세계대전

이이제이以夷制夷의 전술에 따라, 제국주의로 제국주의를 물리치신 것입니다. 그것이 바로 러일전쟁(1904~1905)입니다.

당시 전쟁이 붙자 세계는 강대국 러시아의 승리를 예상했으나, 결과는 뜻밖에도 일본의 승리로 끝났습니다.

☙ 내가 일러전쟁을 붙여 일본을 도와 러시아를 물리치려 하노라. (5:50:6)

상제님 공사에 의해 일본에 참패한 러시아는 유럽으로 패권 확장의 발길을 돌렸습니다. 그것이 발단이 되어 세계 전쟁이 일어났으니, 바로 1차 세계대전입니다. 1차 대전 싸움 끝에 유럽의 전제 왕정 국가들이 붕괴되어 공화국으로 바뀌면서 애기판 씨름은 그 막을 내렸습니다. 그리고 상제님의 공사대로, 강대국에게 지배를 받던 약소 민족들은 민족자결의 원칙에 따라 대부분 독립하게 되었습니다.

| 신도 세계에서 1차 대전을 지휘한 장수, 관운장 |

애기판 씨름을 위하여 상제님은 천상 신명계의 한 장수를 서양에 보내어 먼저 신도神道 차원에서 대전쟁을 일으키도록 하셨습니다.

이런 막중한 천명을 받은 자는 과연 누구일까요? 그는 바로 중국 촉한蜀漢의 장수로서, 소설 『삼국지』의 주인공이기도 한 관운장입니다. 청룡언월도를 비껴들고 삼각수三角鬚를 휘날리며 봉의 눈을 부릅뜬 채 적토마를 타고 달리던 관운장을 모르는 사람은 아마 없을 것입니다. 그는 지금 상제님이 계신 천상의 수도 옥경玉京을 지키는 병마대권자(천상 신명 세계의 최고 병권 주관자)입니다.

✤ 상제님께서 세계 대세의 위급함을 설하시고 서양에 가서 대전쟁을 일으키라는 천명을 내리시며 "때

가 때이니만큼 네가 나서야 하나니 속히 나의 명
을 받들라. 네가 언제까지 옥경삼문玉京三門의 수문
장 노릇이나 하려느냐!" 하고 엄중히 꾸짖으시니라.

(5:166:6~8)

그런데 상제님은 왜 하필 관운장에게 그러한 사명을 맡
기셨을까요? 그것은 바로 천지의 가을철 정신이 정의正
義이기 때문입니다. 관운장은 선천 역사상 가장 정의로
운 심법을 가진, 의로움의 표상이 되는 인물입니다. 그래
서 서양 제국주의의 불의를 깨부수고 천지의 정의를 바
로 세우는 데 그를 선봉장으로 내세우신 것입니다. 이러
한 천상 신도의 기운을 받아 지상에서 1차 세계대전이 일
어났습니다.

신도 세계에서 1차 세계대전을 이
끌었다는 것을 보여 주는 일화逸話
가 하나 있습니다. 전쟁의 발단이
된 것이 1914년 6월에 일어난 오
스트리아 페르디난트 황태자 부부
저격 사건입니다. 저격수인 세르비
아 청년 프린치프가 범행 동기에 대해
수수께끼 같은 고백을 합니다.

쏴야 할 것인가, 쏘지 말아야 할 것인가? 하지만 어떤 이상한 감정이 나를 황태자에게 다가서게 했습니다. 심지어는 내가 서있던 보도에서 내려서게 만들었어요. 그것은 별로 어려운 일이 아니었지요. 내가 총을 쏜 사람이 누구인지도, 심지어 내가 누군가에게 총을 쏘았는지, 쏘지 않았는지도 알지 못하였습니다. (『쿠오바디스, 역사는 어디로 가는가』)

프린치프의 저격 행위는 인간 역사의 이면에서 작용하는 신도의 기운 때문이었던 것입니다. 역사는 천지 이법을 바탕으로 하되 신명이 응감하여 이루어집니다. 이를 볼 때, 천상 신명계의 개입을 모르고서는 역사의 진실을 온전히 알 수 없습니다.

| 동서양 세력 균형을 맞춘 총각판 씨름 |

애기판 씨름 다음에 벌어진 총각판 씨름은 한마디로 상제님께서 서양 제국주의를 동양에서 완전히 몰아내어 동서양의 세력이 균형을 이루도록 만드신 과정입니다. 상제님은 총각판에서도 일본을 계속 일꾼으로 쓰시어, 일본으로 하여금 중국을 침략하고 그 세력을 아시아 전역으로 떨쳐 나가도록 하셨습니다. 그 과정에서 중일전쟁이 일어나고, 나아가 제2차 세계대전이 일어났습니다.

일본이 승승장구할 수 있었던 가장 큰 원동력은 오랜 옛날부터 조선을 강점하고 대륙으로 진출하려는 야욕에 불타던 제국주의의 광기狂氣였습니다. 그러나 어질 인仁 자 도덕률을 갖추지 못한 일본은 잔혹한 식민 통치로 일관했습니다. 당시 조선을 비롯한 아시아 국가들은 참으로 감내하기 어려운 일제의 횡포에 시달렸습니다. 일본의 잔학상은 30만 명의 양민을 죽인 남경대학살(1937) 사건에서도 잘 나타납니다.

남경 침공 당시 100인 목베기 경쟁을 벌인 일본군. 두 장교 일본 제국주의의 잔학상을 보여준 대표적인 사례로, 일본 패망 후 두 사람은 중국 측에 의해 체포되어 1948년 남경 양화대에서 총살되었다. (남경 전쟁기념관 전시관 자료)

🌳 내가 이제 일본을 도와 잠시 천하통일天下統一의 기운
과 일월대명日月大明의 기운을 붙여 주어 천하에 역사
를 하게 하리라. 그러나 그들에게 한 가지 못 줄 것이
있으니 곧 (어질 인仁)자라. 만일 어질 인 자까지 붙
여 주면 천하는 다 저희들의 소유가 되지 않겠느냐.

(5:177:6~7)

무엇보다도 **일본은 배은망덕 줄에 걸리고 (배사율背師律)
을 범하게 되었습니다.** 이것은 '스승의 은혜를 저버리고
(배반)하는 율법을 범하였다'는 뜻입니다. 원래 조선은 '일
본'이라는 국가가 세워진 8세기 이전부터 일본 민족에
게 문화를 전수해 준 선생국입니다. 미국 또한 일본에게
근대 문명을 전수해 준 스승 나라입니다. 일본은 메이지
유신(1868) 이후 미국으로부터 과학 문명을 받아들여 근
대 국가로 발돋움하였
습니다. 그런 일본이 동
양의 스승인 조선을 36
년 동안 무력으로 짓밟
고, 서양의 스승인 미국
을 상대로 태평양 전쟁
(1941~1945)을 일으킨

총각판 씨름: 중일전쟁과 제2차 세계대전

것입니다.

| 일본의 패망과 그 교훈 |

1941년 12월 7일 아침, 일본은 하와이 진주만에 정박해 있던 미 해군을 기습 공격하였습니다. 당시 배 안에 있던 1,100여 명의 해군이 수장되었고 도합 2,400여 명이 전사했습니다.

진주만에 가 보면 그 날을 기리는 전쟁 기념관이 있습니다. 그곳에 들어서면, 오른쪽 벽에 그날 죽은 미군 병사들이 가족과 애인에게 받은 편지와 선물, 병사들이 쓰던 장갑과 목도리, 찢겨진 군복과 군화 등이 전시되어 있습니다. 그리고 지금도 그 근처 바다 속에는 그날 침몰한 애리조나 호가 가라앉아 있습니다. 이 모든 것이 그날의 참상을 생생하게 전해 줍니다.

당시 이 사실이 미국 본토에 알려지면서 전 국민이 크게 분노하였습니다. 그리하여 1945년 8월, 미국은 역사상 가장 강력한 무기인 원자폭탄을 히로시마[廣島]와 나가사키[長崎]에 투하하게 됩니다.

이 공격으로 두 도시는 잿더미로 변하였고, 약 15만 명이 그 자리에서 사망하였습니다. 이로 인해 일본은 마침내 항복을 선언하고 맙니다.

❋일본 사람이 미국과 싸우는 것은 배사율背師律을 범하는 것이므로 장광長廣* 팔십 리가 불바다가 되어 참혹히 망하리라. (5:119:1~3)

이 말씀 그대로 **상제님은 제 뿌리를 잡아먹는 일본을 배사율로 강력히 응징**하면서 총각판 씨름을 종결**지으신 것입니다.**

여기서 우리는 불의한 자, **배은망덕한 자는 반드시 패망을 당한다는** 엄중한 역사의 교훈을 배우게 됩니다.

❋'배은망덕만사신背恩忘德萬死身'이니라. (2:28:4)

이 외에도 일본의 패망과 관련된 신비로운 이야기가 하나 더 있습니다.

원자폭탄을 투하한 목표 지점이 바로 히로시마의 중심부를 흐르는 태전천이라

히로시마 원폭투하의 목표물이었던 상생교

---

* 장광의 장은 나가사키[長崎], 광은 히로시마[廣島]를 말한다.

는 하천 위에 세워진 상생교相生橋였다는 사실입니다. 상
제님의 천명을 받들어 인간 역사를 경영하는 조화정부의
신명들이 불의한 일본을 원자탄으로 응징할 때, 왜 하필
상생교를 택하였을까요?

그것은 상생교가 가을 신천지 세상의 질서인 '상생'의
정신을 담고 있기 때문입니다. **일본으로 하여금 상극의
불의한 짓을 멈추고** 상생의 정신으로 살라는 하늘의 뜻
을 보여주신 것입니다.

| 독일의 패망과 그 교훈 |

한편 일본과 오선위기의 한 팀이 되어 유럽에서 전쟁을
벌였던 독일도 같은 이유로 패망의 길로 들어서게 됩니
다.

히틀러는 본래 오스트리아 출신이었습니다. 그런데 히
틀러가 독일군의 수장이 되어 제일 먼저 무력으로 합병
한 나라가 바로 자기 조국 오스트리아였습니다. 히틀러
는 인종 청소라는 명분으로 학살한 유대인 6백만 명을 포
함하여 총 1,100만 명을 죽인 희대의 살인마였습니다.
그러한 불의를 인간 역사의 사령탑인 천상 조화정부에서
어찌 가만히 보고만 있었겠습니까?

독일의 패망에 상제님의 조화 권능이 작용하였음을 느

끼게 하는 일화가 있습니다. 널리 알려져 있듯이, 독일을 패망으로 이끈 것은 연합군의 노르망디 상륙 작전입니다. 당시 연합군 사령관이던 아이젠하워 장군은 노르망디 상륙 작전 개시 전날, 하나님께 간절히 기도를 올립니다.

이제 운명의 시간이 다가왔습니다. … 그러나 모든 것은 하나님의 손 안에 있습니다. … 전능하신 하나님이 이기게 하면 이기는 것이고, 하나님이 저를 도와주시면 승리하는 것입니다. 이 세계의 평화가 오늘 여기에 달려있습니다. 하나님 저를 도우소서!

독일군 수뇌부도 연합군이 상륙 작전을 감행한다는 사실을 알고 있었습니다. 그러나 작전 개시일 며칠 전부터 기상이 악화되었고, 작전 전날 밤에는 심한 폭풍우가 몰아치자 이런 날씨에 공격을 할 리 없다고 생각했습니다. 게다가 연합군 측에서 흘린 상륙 지점에 대한 허위 정보를 믿은 독일은 노르망디에는 소수의 병력만을 주둔시켰습니다.

천지를 주관하시는 상제님께서 아이젠하워 장군의 기도를 들어 주시어 그 전날 밤까지 계속되었던 악천후를 기적적으로 끌러 주셨습니다.

『도전』을 보면 상제님이 천지공사를 보실 때 사사私事

와 공사公事를 함께 이루어 주기 위해 날씨를 바꾸어 주신 일화가 많이 나옵니다.

결국 기상의 급변을 예상치 못하고 방심했던 독일군은 연합군에 참패하여 괴멸의 길로 들어서게 되었고, 마침내 1945년 4월 30일, 히틀러의 자살로 유럽에서의 세계 전쟁은 막을 내렸습니다.

🕯 천지신명이 나의 명을 받들어 가을 운의 대의大義로써 불의를 숙청하느니라. (2:43:5)

요컨대 일본과 독일의 패망은, 상제님께서 동양에서는 스승 나라를 침략하여 지배하는 불의를, 서양에서는 제 조국을 잡아먹는 불의를 '배사율'이라는 도덕률로 강력히 응징하신 사건입니다.

4. 선천 역사를 매듭짓는 상씨름

| 상씨름의 초판 싸움, 한국전쟁 |

총각판 씨름의 결과, 바둑판은 다시 조선의 차지가 되었습니다. 그러나 곧이어 삼팔선이 그어지면서 남쪽에는 미군이, 북쪽에는 소련군이 들어왔습니다. 가을개벽을 향한 오선위기의 마지막 판인 상씨름판이 형성된 것입니다.

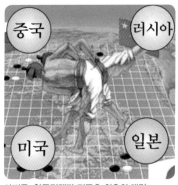
상씨름: 한국전쟁과 지구촌 최후의 대결

1950년 6월 25일 새벽 4시, 작전 암호는 '폭풍'! 북한군이 탱크를 앞세우고 38선을 넘어 일제히 남쪽으로 밀고 내려왔습니다. 마침내 상씨름이 불붙은 것입니다. 이후 1953년 휴전을 하기까지 3년 동안, 남북한을 합해 약 3백만 명이 목숨을 잃었고, 1천만 명이 넘는 이산가족이 생겼습니다.

☙ 씨름판대는 조선의 삼팔선에 두고 세계 상씨름판을 붙이리라. (5:7:3)

과연 상제님의 이 말씀대로, 동북아의 한 구석, 한반도에서 벌어진 전쟁에 무려 16개 나라의 군대가 개입하여 한국전쟁은 세계 전쟁이 되었습니다. 의료 지원을 한 나라까지 합하면 모두 26개국이 전쟁에 휘말렸습니다.

이제 상씨름 초판 싸움을 멈추고 휴전한 지 벌써 반세

씨름판에 소가 나가다 1998년 고 정주영 회장이 총 1,001마리, 2000년 그의 아들이 다시 500마리의 통일소를 몰고 군사분계선을 넘어갔다.

기를 훌쩍 넘겼습니다. 그동안 남과 북은 잡았던 샅바를 놓고 각기 군사력과 경제력을 길러 왔습니다. 그러면 70년 이상 지속되고 있는 이 기나긴 씨름의 끝은 과연 어디일까요?

| 씨름판에 소가 나가면 판을 걷게 되리라 |

원래 씨름판에서는 천하장사를 가리기 직전에 소를 끌고 들어와 모래판 주위를 한 바퀴 돌면서 분위기를 북돋아 줍니다. 최후의 승자가 상품으로 타 갈 소가 등장하는 것은 '마지막 결전이 임박'했음을 알리는 신호탄입니다.

그런데 남북 상씨름판에 실제로 소가 나가는 놀라운 사건이 일어났습니다. 누구도 예상치 못했던 일이었습니다. 1998년 6월 16일 고故 정주영 현대그룹 명예회장이 서해 바닷가 서산 농장에서 키운 소 500마리에 통일소란 이름을 붙여서 돌연 휴전선을 넘어 북으로 몰고 간 것입니다.

상제님께서는 공사로써 이미 이렇게 말씀하신 바 있습니다.

✻ 만국재판소를 조선에 두노니 씨름판에 소가 나가면 판을 걷게 되리라. (5:7:4)

이 말씀은 소가 나가는 것이, 1차 세계대전을 비롯하여 지난 백 년 동안 세 차례에 걸쳐 일어난 대전쟁의 역사에 마침표를 찍는 출발점이 된다는 것입니다. 즉 남과 북이 그동안 각자 힘을 기르기 위해 놓았던 샅바를 다시 잡기 시작한다는 것을 의미합니다. '휴전에서 다시 전시 상태로 돌입한다'는 뜻입니다.

그리고 '판을 걷게 된다'는 것은 작게는 70년 이상의 분단 상황이 종식된다는 것이요, 크게는 선천 봄여름의 상극 질서가 종결된다는 것입니다.

상씨름판에 소가 나간 이 사건은 상제님께서 일꾼들에게 다음과 같은 **비상경계령**을 내려 주신 역사적인 일입니다.

'소가 나간 그날부터 가을개벽을 마음에 깊이 새기고 긴장을 늦추지 말라. 전쟁 상황에서 살고 있다는 성성하게 깨어진 심정으로 일하라. **실제 전쟁 상황에 종군하는**

> 상씨름꾼의 절박한 마음으로 상생의 대도를 널리 전해
> 천하창생을 많이 살려라!'

이 비상경계령은 상제님의 일꾼들만이 아니라 지구촌의 정치, 경제, 종교, 군사, 문화 등 모든 분야에서 일하는 사람들에게도 적용되는 것입니다. 실제로 상씨름판에 소가 나간 이후로, 지구촌의 대세는 가을 개벽을 향한 위기 상황으로 더욱 조여들어 가고 있습니다.

인류사의 모든 문제가 '가을개벽의 실제 상황'을 향해 돌진하고 있습니다. 때문에 도정道政에 임하는 일꾼들은 천하사 신앙인으로 성숙해야 하고, 국정國政 책임자들도 국가 경영과 역사에 대한 인식을 근본적으로 새롭게 해야 합니다. 다가올 위기 상황을 미리 내다보고 '전시戰時 상태의 총체적인 위기 경영'을 할 수 있는 도력과 능력을 길러야 한다는 말씀입니다.

| 북핵문제에 담긴 천지공사의 비밀 |

상씨름판에 소가 나간 이후, 전 세계를 긴장시키는 사건이 발생하였습니다. 2003년, 북한이 느닷없이 핵확산금지조약NPT을 탈퇴한 것입니다. 한반도에는 전쟁 기운이 감돌았고, 북핵 문제가 국제 사회의 주요 쟁점으로 떠올랐습니다.

북핵 문제를 평화적으로 해결하기 위해 6자회담, 남북 정상회담을 열었으나 문제가 해결되지는 않았습니다. 북한은 핵무기를 완성하고 미국본토까지 도달할 수 있는 ICBM(대륙간탄도미사일)을 개발해 미국을 도발했습니다. 미국이 북핵 해결을 위해 본격적으로 동북아시아에 집중하기 시작했고, 한반도의 핵문제가 국제정치의 중심 이슈로 떠올랐습니다.

북핵 문제는 한반도와 동북아, 나아가 세계 질서를 흔드는 뇌관입니다. 여기에는 100여 년 전에 상제님께서 천지공사로 처결하신 화둔火遁 도수의 비밀이 담겨 있습니다. 화둔이란 '불을 묻는다'는 의미입니다. 여기서 '불'은 핵무기를 비롯한 물리적인 전쟁 무기뿐만 아니라 저주, 보복, 원한 같은 선천 상극의 모든 불덩어리까지 포함합니다. 이러한 불을 묻는 상징적인 사건이 바로 북한 핵을 묻는 것입니다.

만일 한반도에서 핵전쟁이 일어난다면 한민족은 궤멸하고 말 것입니다. 나아가 전 세계로 전쟁이 비화되어 인류가 멸망지경에 이르게 될 것입니다.

✺ "천지에 변산처럼 커다란 불덩이가 있으니 그 불덩이가 나타나 구르면 너희들이 어떻게 살겠느냐." 하

시며 수식남방매화가誰識南方埋火家라 글을 쓰시니라.

(5:227:4~5)

미국의 언론인 돈 오버도퍼Don Oberdorfer는 『두 개의 한국』에서 한국 정부 소속 고위 관계자의 발언을 빌어 북한의 핵무기 보유는 단순한 정치적 문제가 아니라 '인류 문명의 과제'라는 의미심장한 지적을 한 바 있습니다. 한반도 비핵화는 인류의 상생 시대를 여는 세계 평화의 관문인 것입니다.

6자회담은 앞으로 갖은 우여곡절과 파란만장한 과정을 거칠 것입니다. 북핵 문제는 세계 정치 질서를 이끄는 구심점이며 태풍의 눈이기 때문입니다.

| 상씨름이 넘어간다 |

1908년 10월, 상제님께서 세계를 한집안으로 만드는 대공사인 세계일가 통일정권 공사를 보시며 천지를 뒤흔드는 큰 음성으로 이렇게 외치셨습니다.

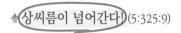 상씨름이 넘어간다! (5:325:9)

여기서 '넘어간다'는 말씀의 뜻이 무엇일까요?

이 표현이 아주 미묘하고 어려운데, 둘이 샅바를 잡고 싸우다가 "와자자자" 하면서 순간 "**꽈당!**" 하고 한 쪽이 넘어가고 만다는 것입니다.

이것은 단순히 전쟁이 일어난다는 의미가 아닙니다. 하늘이 넘어가고, 땅이 넘어가고, 인간의 전 역사가 넘어가고, 모든 신명의 생사가 넘어간다는 말씀입니다. **우주의 시간 질서, 자연 질서, 인간 역사의 질서가 새로운 단계, 새로운 판으로 넘어갑니다. 한마디로 우주의 여름철이 종결되고 천지인 삼계가 가을철 문화로 뛰어든다는 말씀입니다.**

그럼 왜 상씨름은 넘어가고야 마는 것일까요? 많은 사람들이 소망하는 대로 북한이 핵을 포기하고 북미 수교가 이루어져서 한반도가 평화의 길로 곧장 갈 수는 없는 것일까요?

| 동북아 전쟁은 피할 수 없는가 |

최근 우리나라의 한 북한 문제 전문가가 '한반도는 불안한 평화 속에 있다'라고 하면서 경종을 울리는 한 마디를 던졌습니다.

한반도는 지금 전쟁과 평화의 기로에 서 있다. 평화

> 를 지켜 내지 못하면 참혹한 전쟁의 혹한기를 맞아야
> 할지도 모를 불안한 운명을 맞고 있다. 전쟁은 억지
> 되고 있지만 평화는 정착되지 못했다. (『전쟁과 평화』)

한반도가 전쟁의 혹한기를 맞을 뻔했던 일은 이미 한 차
례 있었습니다. 1994년 제1차 북핵 위기 사건입니다. 당시
미국 클린턴 정부가 핵전쟁을 불사하면서 북한 영변의 핵
시설을 폭격하려 하였으나 동북아에 광범위하게 퍼질 방사

세계 핵무기 보유 현황 (2019년 7월 기준, 출처 : 미국과학자협회)

국가	배치		예비, 비배치	군사 비축	종합
	전략핵	비전략핵			
러시아	1,600	0	2,730	4,330	6,500
미국	1,600	150	2,050	3,800	6,185
프랑스	280		20	300	300
중국	0	?	290	290	290
영국	120		95	215	215
이스라엘	0		80	80	80
파키스탄	0		140-150	140-150	140-150
인도	0		130-140	130-140	130-140
북한	0		?	20-30	20-30
합계	~3,600	~150	~5,555	~9,330	~13,890

능 피해와 수만 명의 미군 병사들 죽음에 대한 우려 때문에 결국 공격 계획을 취소하였습니다.

여러 외교 정책과 압박에도 불구하고 북핵 문제는 해결되지 못했습니다. 북한은 오히려 핵을 완성하고 ICBM(대륙간탄도미사일)까지 개발하여 미국을 위협했습니다.

2017년, 미국은 북한의 핵시설을 타격하여 핵을 무력화하는 작전을 계획한 적이 있습니다. 남북정상회담과 북미회담 이후 도발 행위가 줄어들긴 했으나 여전히 근본 문제는 해결되지 않고 있습니다. 북핵 제거를 위한 미국의 군사적 조치는 언제든 꺼낼 수 있는 카드로 남아 있습니다.

그렇다면 70년 동안 멎었던 포성이 어떻게 다시 울려 상씨름이 마무리되는 것일까요? 증산 상제님은 오선위기를 끝내는 마지막 한 점 바둑의 운명을 다음과 같이 밝혀 주셨습니다.

❀ 아무리 세상이 꽉 찼다 하더라도 북쪽에서 넘어와야 끝판이 난다. (5:415:3)

또 태모님께서는 이렇게 말씀하셨습니다.

❁이 뒤에 상씨름판이 넘어오리니 그 때는 삼팔선이 무너질 것이요, 살 사람이 별로 없으리라. (11:263:2)

위기에 몰린 북한이 최후의 카드로 전쟁을 먼저 시작하든, 미국이 선제공격을 하든, **마지막 한판 승부는 북한이 남침을 감행함으로써 불붙게 된다는 말씀**입니다. 그러면 '북쪽에서 넘어와 끝판이 나는' 상씨름*의 실제 상황은 과연 어떻게 진행될까요?

❁난의 시작은 삼팔선에 있으나 큰 전쟁은 중국에서 일어나리니 중국은 세계의 오고 가는 발길에 채여 녹으리라. (5:415:5)

만일 한반도에 분쟁이 발생하여 한미 연합군이 북한을 상대로 대전쟁을 벌이게 된다면, 러시아와 중국은 가만히 있을까요? 어떤 명분을 만들어서라도 동북아 패권 경쟁에 끼어들지 않을까요? 정치학자들은 '예정된 전쟁'이라는 표현을 하며, 제3차 세계대전이 일어난다면 미국과 중국의

---

* 남북 상씨름의 마무리 대세에 대해 상제님께서 이렇게 말씀하셨다. "아동방我東方 삼일 전쟁은 있어도 동적강銅赤江은 못 넘으리라." (5:406:3) 북한이 동적강, 즉 한강은 못 넘는다는 것이다.

대결이 될 것이라고 예측하고 있습니다.

여러 정황으로 볼 때, "앞으로 세계전쟁이 일어난다"(2:139:4)는 상제님의 말씀을 결코 가벼이 넘길 수가 없습니다.

| 상씨름을 매듭짓는 간방 한민족 |

그런데 남북 상씨름에는 천지공사의 종시終始 도수가 붙어 있습니다.

☯ 상씨름으로 종어간終於艮이니라. 전쟁으로 세상 끝을 맺나니 개벽시대에 어찌 전쟁이 없으리오. (5:415:1)

'종어간'에서 마칠 종終 자는 '선천 봄여름철 세상이 끝이 난다', '상극으로 점철된 선천 역사가 막을 내린다'는 의미입니다. 그래서 종어간이란, **선천 세상의 문을 닫는 역사적 사건이 바로 간방 땅, 한반도를 무대로 하여 전개된다는 것**입니다.

그러니까 '상씨름으로 종어간이니라'는 말씀은, **'간방 땅에서 상씨름판의 마지막 한판 승부가 전개되면서 선천 세상을 끝마무리 짓는다'**는 하나님의 선언인 것입니다. 간방 땅, 즉 지구촌의 동북방 한반도 땅에서 지금까지의 인류 역사가 종결[終]되고 가을철 새 역사가 출발[始]을 합니다.

지금 지구촌 곳곳에서는 민족 간, 나라 간에 갈등과 충돌이 더욱 복잡하고 거세어지고 있습니다. 상제님께서는 "나의 도수는 밖에서 안으로 욱여드는 도수이니 천하대세를 잘 살피도록 하라"(5:165:8)고 하셨습니다. 전 세계의 변혁 기운이 욱여 들어와 결국 한반도에서 터진다는 말씀입니다.

여기서 우리는 크나큰 시련을 극복하고 인류의 새 시대 새 역사를 열어야 하는 한민족의 과업에 대해 숭고한 사명감을 느끼게 됩니다. 마지막 남북 상씨름 전쟁의 폭풍 속에서 인류를 건져 새 역사를 여는 한민족! 이것이 간방 한민족이 안고 있는 피할 수 없는 숙명인 것입니다.

| 상씨름은 선천 역사를 문 닫는 천지 전쟁 |

❀ 천지개벽 시대에 어찌 전쟁이 없으리오. 앞으로 천지 전쟁이 있느니라. (5:202:3)

이 말씀과 같이 간방 땅에서 마지막 승부를 겨루는 남북 상씨름은 하늘과 땅 차원에서 벌어지는 거대한 규모의 전쟁입니다. 동서양의 강대국들이 맞대결을 하게 되는 '세계 전쟁'이요, 천지의 상극 질서를 신천지 상생 질서로 전환시켜 천지의 운명을 바꾸는 '천지 개벽 전쟁'입니다. 땅 위에 사는 인간만이 아니라 하늘의 신명들까지 다 동원되어 싸우는 큰 전쟁으로서 하나님이 직접 개입하시는 전쟁입니다.

그런데 이 전쟁은 오래 지속될 수가 없습니다. 오래 끌면 살아남을 자가 없기 때문입니다. 그래서 증산 상제님께서 선천 최후의 전쟁을 조기에 종식시키는 구원의 손길을 준비해 두셨습니다. 그 손길의 정체는 제6장에서 밝힐 것입니다.

상씨름판에 소가 나간 이후의 지구촌 대세

세 운	서기	도 운
● 정주영 회장 소떼몰이 방북 ● 금강산 관광선 첫 출항	1998	● 증산도 상생문화연구소 설립
● 제1차 남북 정상회담(6월) ● 서해도발 -제1 연평해전	1999	● 증산도 교육문화회관 착공
	2000	● 월간 개벽 발행
● 9.11 테러 ● 미국 아프가니스탄 침공	2001	● 전국 개벽 대강연회 개최
● 한일 월드컵, 안면도 꽃 박람회 ● 북한 핵무기 개발 시인 ● 서해도발 -제2 연평해전	2002	●『이것이 개벽이다』 개정판 출간 ● 증산도 교육문화회관 개관
● 북한 NPT 탈퇴(1월) ● 1차 6자회담(8월) ● 사스SARS 전 세계 확산 ● 이라크 전쟁, 국내 조류독감 발생	2003	●『도전』 완간본 출간
● 아시아 조류독감 확산 ● 동남아 쓰나미 ● 6자회담 2차, 3차	2004	●『도전』 6개 국어 번역본 프랑 크푸르트 국제 도서전 출품
● 북한 핵무기 보유 선언 ● 6자회담 4차, 5차	2005	●『개벽 실제상황』 출간
● 북한 미사일 발사 ● 북한 핵실험 전격 강행 ● 국내 2차 조류독감 발생	2006	● 한민족의 혼을 찾는 대국민 Great Corea 문화 운동 전개
● 6자회담 6차 ● 제2차 남북 정상회담 ● 경의선 개통, 개성관광 개시	2007	● STB상생방송 송출 시작 ●『천지의 도, 춘생추살』 출간
● 국내 3차 조류독감 확산 ● 쓰촨성 대지진 ● 미국발 전 세계 금융위기 ● 금강산 관광, 개성관광 중단, 6자회담 결렬	2008	●『도전』 강독 전국 대강연회
● 북한 장거리 로켓발사, 2차 핵실험 ● 제3차 서해교전 ● 신종플루 대유행 ● 오바마 '핵 없는 세계 구축'천명	2009	● STB상생방송 2천만 시청자 돌파 ● 천지성공, 생존의 비밀 출간 ● 상제님 어천 100주년
● 지구촌 100년 만의 폭설·아이티, 칠레 등 세계 곳곳 대지진 발생	2010	● 증산도의 진리 개정판 발간 ●『도전』 강독 전국 강연회
● 동일본대지진	2011	● 환단고기 완역본 발간
● 미국 북한 선제공격 검토	2017	● 도전문화 콘서트
	2018	● 증산 상제님 성체聖體, 성의 聖衣 전수
● 코로나19 대유행	2019	

3

상제님의 종통 전수: 도운 공사

세운 공사와 짝을 이루는 도운 공사는 증산 상제님이 어천하신(1909) 이후 종통 맥이 어떻게 전해지는가를 정하신 공사입니다. 구체적으로는 상제님의 진법을 드러내고 일꾼을 길러 내어 선천 역사를 매듭짓는 공사입니다.

1. 여성에게 종통을 전하심 : '수부 도수'

9년 동안 천지공사에 수종 든 남성 종도들이 여럿 있었지만, **상제님께서는 남자에게 대권을 전수하지 않으셨습니다. 당신님의 아내를 종통 전수자로 삼으시고, 그분을 수부首婦라 하셨습니다.** 여자에게 천지대권을 전하신 것은 당시 시대 상황 등 여러 면에서 볼 때 참으로 놀라운 일이 아닐 수 없습니다.

❋ 천하 만민을 살리는 종통대권은 나의 수부, '너희들의 어머니'에게 맡긴다. (11:345:7) ✩

수부란 머리 수首 자에 부인 부婦 자, 즉 '머리가 되는 여자'입니다. 신명이든 인간이든, 하늘땅에 살고 있는 모든 여성의 머리가 되는 분입니다! 그분은 또한 뭇 창생의 어머니, 즉 태모太母님이기도 합니다.

상제님께서는 1907년 동짓달에, '수부를 일등一等으로 정하여 모든 것을 맡긴다'고 천지에 선언하셨습니다. 이것은 '이제 여자도 세상의 모든 일을 해낼 수 있다'는 뜻이면서, '이로부터 선천 세상 여자들의 원한을 모두 씻어낸다'는 의미도 있습니다. 이것은 지구촌의 모든 여성에게 던지는 가장 강력한 희망의 메시지입니다. 여성의 미래에 대한 원대한 비전, 우주적인 꿈이 들어있는 말씀입니다.

상제님은 왜 여성에게 종통을 전수하셨을까요?

주역의 64괘에서 첫머리가 하늘을 상징하는 건乾괘이고, 그 다음이 땅을 상징하는 곤坤괘입니다. 하늘이 있으면 땅이 있고, 아버지가 있으면 어머니가 있어야 합니다. 땅이 없는 하늘, 하늘 없는 땅이 있을 수 있습니까? 이와 같은 천리天理를 따라 상제님께서 여자에게 종통을 전하신 것입니다.

이제 인존 시대가 되어 상제님이 아버지로 오셨습니다. 그러니 어머니 되실 분도 인간 역사에 오셔야 하는 것입니다. 천지의 음양 조화 속에서 만물이 태어나 살아가듯,

인간이 새 역사를 열어가는 데도 천지 부모가 조화를 이루어야 합니다. 이것이 바로 '천지 건곤 일체 도수'입니다.

☞ 천지에 독음독양獨陰獨陽은 만사불성이니라. 내 일은 수부首婦가 들어야 되는 일이니라. (6:34:2)

☞ 수부의 치마폭을 벗어나는 자는 다 죽으리라. (6:96:6)

수부님께서 상제님으로부터 도통을 받았으니 상제님의 후계자임이 틀림없지만, 수부님은 세속에서 말하는 그런 후계자가 아닙니다. 상제님과 동격인 분입니다. **아버지 하나님과 동등한 생명의 덕성을 가지고 계신 어머니 하나님입니다! 어머니 하나님의 역사로써 인간 구원의 새 역사를 시작한 것입니다.** 여기에 **수부 도수의 절대성**이 있습니다.

이제 온 인류가 아버지 하나님과 어머니 하나님을 '함께' 모시게 되었습니다. 비로소 '인간 구원의 새 역사'가 출발한 것입니다. 지나온 선천 문화는 '**아버지 중심의 외짝 신앙**'이었음을 깊이 생각해 보아야 합니다.

2. 100년 도통사는 어떻게 흘러 왔는가

도운도 세운처럼 삼변 성도를 합니다. 상제님이 어천하신 이후 도운은 개창[生], 성장[長], 결실[成]의 과정을 거치는 것입니다. 농사를 지을 때 먼저 씨를 뿌리고, 싹이 터서 어느 정도 성장하면 옮겨 심고, 마지막으로 곡식이 익으면 추수를 하듯, 도운 또한 100년 동안 세 번 변하여 성숙되어 왔습니다.

> ❋ 나는 낙종落種 물을 맡으리니 그대는 이종移種 물을 맡으라. 추수秋收할 사람은 다시 있느니라. (11:19:10)

증산도의 제1 부흥 시대는 종통을 계승하신 태모 고수부님이 개창한 일제 시대 제1변 도운입니다. 상제님께서 어천하신 이후 방황하던 성도들이 태모님을 중심으로 모여들어 포교를 시작하였습니다. 그 중에서 차경석 성도가 연 보천교에는 700만 신도가 운집하였고, 조선 방방곡곡에 태을주가 울려 퍼졌습니다. 그러나 1935년에 태모님이 선화하시고 이듬해 차경석 성도가 세상을 떠나면서, 일제 말기의 극심한 종교 탄압과 더불어 제1변 도운은 막을 내리게 되었습니다.

증산도 제2 부흥 시대는 세운에 새 기틀이 열려 일본 제국주의가 쫓겨 들어가고 우리 민족이 대망의 광복을 맞이하면서 열렸습니다. '추수할 사람은 따로 있다' 하신 태모님의 말씀처럼, 세상을 주유하며 때를 기다려 오시던 안운산 태상종도사님께서 드디어 도운의 새 시대를 여신 것입니다. 1945년 음력 8월 15일 추석절에 상제님의 대도 이념을 새로이 선포하신 태상종도사님은, 1950년 한국전쟁 무렵까지 수십만이 신앙하는 제2의 증산도 부흥 시대를 일구셨습니다.

하지만 제2변 도운은 상씨름의 초판 싸움, 한국전쟁이 일어나 휴식기로 접어들게 됩니다.

☀ 내가 이제 섬으로 들어가는 것은 천지공사로 인하여 귀양 감이라. 20일 만에 돌아오리니 너희들은 지방을 잘 지키라. (6:22:2~3)

상제님의 이 말씀은 제2변에서 제3변 도운 시대로 전환하는 과도기에 대한 천지 도수度數입니다. 이 도수의 주인공이신 태상종도사님은 한반도가 전쟁의 포화로 뒤덮인 신묘(1951)년 동지절에 도운의 휴계기休契期를 선포하시고, 갑오(1954)년부터 20년 동안 세상으로부터 은둔을 하셨습니다.

그 20년 휴계기가 끝나고, 제3변 추수 도운이 갑인 (1974)·을묘(1975)년에 태동하였습니다. 상제님이 천지공사로 정해 놓으신 대로, 태상종도사님께서 한밭벌 태전*에 제3변 도운 개창의 깃발을 꽂으신 것입니다.

> ✽일꾼이 콩밭[太田]에서 낮잠을 자며 때를 넘보고 있느니라. 내가 후천선경 건설의 푯대를 태전太田에 꽂았느니라. (5:136:1~2)

이로써 제3변 결실 도운이 시작되었습니다.

3. 진법眞法 도운 시대의 개막, 『도전道典』 간행

제1변과 제2변을 거치며 천만 명이 넘는 구도자가 증산 상제님을 신앙했습니다. 그러나 구도자들은 대부분 막연히 '증산 상제님은 개벽기의 성인으로서 새 천지를

---

* 태전은 중부권의 중심 도시, 대전의 원래 지명이다. 1909년 이토 히로부미가 고종 황제를 모시고 태전 역을 지날 때 드넓은 태전의 멋진 풍광을 보고 놀라서 '태太 자의 점을 빼라'고 하여 대전으로 바뀐 이후 지금까지도 왜곡된 지명인 '대전'으로 불리고 있다.

열어 놓으신 분이다'라는 소박한 신앙 의식을 가졌을 뿐이었습니다.

왜냐하면 '상제님이 누구시며, 왜 인간으로 오셨으며, 무슨 일을 하셨는가' 하는, 상제님의 본래 위격과 천지공사의 구체적인 내용을 알 수 있는 신앙의 교과서가 없었기 때문입니다.

일부 성도들의 증언을 모은 책이 몇 권 있었지만, 그 초기 기록에서는 상제님을 '천사天師', '대선생大先生' 등으로 칭하여 인간으로 오신 하나님의 참 모습을 알 수 없게 하였습니다. 초기 기록을 남긴 사람의 공덕은 지대하지만, 한편으로는 기록자들의 삿된 욕심 때문에 온갖 난법을 태동시키는 빌미가 제공되었고, 더 나아가 **상제님의 종통 도맥을 왜곡**하는 결과를 초래하였습니다.

제3변 도운에 들어선 후에야 비로소 상제님과 태모님의 생애와 가르침, 두 분이 행하신 천지공사를 제대로 알 수 있게 되었습니다. 『증산도의 진리』(1981), 『이것이 개벽이다』(1983), 『상생의 문화를 여는 길』(2004), 『개벽 실제상황』(2005), 『천지의 도 춘생추살』(2007) 등의 진리 교과서가 출간된 것입니다.

그 중에서 **가장 기념비적인 사건은 1992년에 초판이 나오고, 11년 후인 2003년에 개정 완간본이 나온 『도전**

道典』성편입니다. 제3변 도운이 시작된 이래 모든 초기 기록을 검토하고, 30년 넘게 상제님과 태모님을 신앙한 성도들, 그 가족과 후손들, 그리고 천지공사와 직간접으로 연결된 이 땅에 살아 있는 모든 증언자를 만나 답사한 끝에, 마침내 통일 대경전을 출간하게 된 것입니다.

『도전』은 100년 도운사의 열매입니다. 또한 태상종도사님께서 말씀하신 대로 '후천 5만 년 온 인류의 교과서'입니다.

이제 『도전』이 나옴으로써 상제님 진리의 순수한 원형이 세상에 드러나는 진법 도운 시대가 열렸습니다. 그리하여 한민족뿐만 아니라 전 인류가 상제님 진리의 본래 면목을 알 수 있게 되었습니다. 나아가 장차 열리는 신천지를 향해 인생의 항해를 어떻게 할 것인지 환히 깨치게 되었습니다.*

4. 인류 구원의 다리, 증산도

새 생명을 구하는 자, 상생의 삶을 원하는 자는 참 진리

* 2007년 STB 상생방송국이 개국된 이래 증산 상제님의 대도 진리는 영상 문화를 통해서도 널리 전파되고 있다.

즉 진법眞法을 만나야 합니다. 상제님께서는, 선천 인류가 죽음의 벼랑으로 떨어지는 개벽 상황을 극복하고 후천 새 우주로 넘어갈 수 있도록, 증산도라는 구원의 놋다리를 놓아 주셨습니다. 증산 상제님의 천명을 받아 내려 세워진 각 지역의 증산도 도장을 방문하여 참 진리의 말씀을 깨치시길 바랍니다.

자, 그럼 하나님의 인류 구원 사업의 청사진, 즉 천지공사에 대한 이야기를 모두 마치고, 제6장으로 넘어가 가을 개벽의 실제 상황 속에서 어떻게 인류를 구원하게 되는지 알아보겠습니다.

『도전道典』 상제님과 태모님의 말씀과 성적聖蹟을 수록한 도道의 원전原典.

제 6 장

가을개벽을 넘어
구원의 길로

지금 천하의 대세는 이미 인간의 생존 자체가 삶의 목적이 될 수밖에 없는 임팩트 존Impact Zone의 경계로 들어서 있습니다.

　지금은 가을 대개벽의 전조前兆인 엄청난 격변이 우리의 일상생활을 수시로 뒤흔드는 '충격의 시간대'로서, 지구촌 전 인류가 '죽느냐 사느냐' 하는 생사의 기로에 놓여 있는 것입니다.

　하지만 이러한 가을개벽의 대변국을 지혜롭게 극복하고 나면, 인류는 지상 선경이라는 꿈의 이상 세계로 진입하게 됩니다. 따라서 지금은 모두가 영원한 구원을 약속하는 희망의 메시지인 '가을개벽 소식'에 귀를 기울여야 할 때입니다.

　과연 가을개벽의 실제 상황은 어떻게 전개되며, 그것을 슬기롭게 극복하고 살아남는 방법은 무엇일까요?

　하나님의 인류 구원 프로젝트인 천지공사 이야기 속에서 그 길을 찾아보겠습니다.

이 장의 핵심 주제어

금 도수, 파탄 도수, 지축 이동, 괴질 병겁, 시두 대발, 병란兵亂
병란病亂, 의통, 태을주, 육임(의통구호대), 칠성 도수

1

가을 대개벽의 실제 상황

1. 지금은 인류 문명의 전환점

상제님이 짜 놓으신 천지공사의 일정표에 따라, 가을 개벽은 한 치의 오차도 없이 전개되어 가고 있습니다. 1908년, 상제님은 서해안의 한 도시에서 천지의 자녀인 인간이 가을개벽 상황을 극복하고 당신님의 뜻을 이루는 대공사를 보셨습니다.

☸ 상제님께서 군산 바닷가에 이르시어 내성乃成을 옆구리에 끼시고 바다 위를 걸어 서천 장암長岩으로 건너가시거늘 수부님과 성도들은 일렬로 상제님의 발자국을 밟으며 뒤를 따르니라. 상제님께서 장암에 이르시어 금 도수金度數를 보시니라. (5:303:1~3)

'금'은 오행五行으로 볼 때 '성숙과 통일, 완성'이라는 가을개벽의 정신을 뜻합니다. 2장에서 밝힌 것처럼, 봄에는 목木 기운이 들어와 생명이 태어나고, 여름에는 불[火] 기운이 들어와 성장하고, 가을에는 금金 기운이 들어와 열매를 맺고, 겨울에는 만유 생명의 근원인 물[水] 기운이 들어와 고요히 쉽니다.

인류 문명사의 발전 법칙으로 볼 때, '금 도수'의 '금'은 지축이 기울어져 발생했던 선천 상극의 분열 기운과 온갖 죄악, 원과 한, 어둠과 부조리가 모두 사라진 가을 천지가 열려, 이 **지구에 세워지는 조화로운 새 문명, 동서양이 하나로 거듭나는 세계일가 통일문명**을 뜻합니다. 종교와 정치의 **이상낙원 시대가 이루어지는 것**입니다.

또한 인간 차원에서 볼 때 '금'은 천지에서 인간농사 짓는 우주 1년 가을에 천지의 열매로 추수되는 **성숙한 인간**을 말합니다. 곧 가을개벽을 극복하고 가을철 **지상낙원의 주인공으로 거듭난 불멸의 새 생명**[가을 선仙]을 의미합니다.

그런데 금 도수가 지구의 새 역사로 온전히 성취되기 위해서는 **지구촌 상극 문화의 파탄 도수**라는 고난의 과정을 거칩니다. (금 도수는 파탄 도수를 이끄는 원인이기 때문입니다.)

🔆 금 도수를 보신 다음 상제님께서 담뱃대에 불을 붙여 몇 모금을 빨아 '푸우, 푸우' 하고 연기를 내 뿜

으신 뒤에 공우에게 물으시기를 "이 연기가 무엇과 같으냐?" 하시거늘 "산불이 난 것 같습니다." 하고 아뢰니라. 상제님께서 이번에는 불씨가 담긴 담뱃대로 허공을 후려치시니 담배 불똥이 흩어지거늘 성도들에게 대통을 가리키시며 "이것은 무엇 같으냐?" 하고 물으시니라. 이에 누구는 '수박덩이 같다.' 하고 또 누구는 '포탄砲彈 같다.' 하거늘 상제님께서 담뱃대를 재떨이에 탕탕 털며 말씀하시기를 "이것이 파탄破綻이 나가는 연기다." 하시고 노래하듯 말씀하시기를 "파탄이 나간다. 파탄이 나간다." 하시니라. (5:303:4~10)

파탄이란 기존의 틀이 다 부서져서 걷잡을 수 없게 되는 것을 뜻합니다. 왜 파탄이 나가는 것일까요? 그것은 한마디로 상극 시대를 살아 온 선천 인간의 탐욕과 거짓, 극단적인 자기중심적 사고 때문입니다.

예를 들어 근대 자본주의 문화가 인간 삶의 질을 높이는 데 공헌한 점도 많습니다. 하지만 그 속을 들여다보면 빈익빈부익부 같은 병폐가 너무도 심각합니다. 천문학적인 액수의 지하 경제, 부동산 거품 등, 수단과 방법을 가리지 않고 부富를 추구하는 치열한 경쟁 구도가 만연해 있습니다. 대자연의 질서가 바뀌는 가을개벽의 문턱에 서 있는데도, 사람들은 기존 문화의 틀에 갇혀 그것을 전혀 인식하지 못하고 철부지 인생을 살고 있는 것입니다.

이제 기울어진 천지의 중심축이 정남북으로 바로 서고 자연 질서가 정도正道 변화로 나아갑니다. 그동안 상극 문화 속에서 이루어진, 천지의 성誠(진실됨)·경敬(깨어남)·신信(하나됨), 천지의 정도와 원칙을 벗어난 모든 부정과 불의와 부패를 하늘에서 총체적으로 허물어뜨립니다. 대지진, 화산폭발, 질병대란, 상씨름 등 천지가 물 끓듯 하는 긴박한 가을개벽 상황 속에서 여름 말의 상극 문명이 송두리째 무너집니다. 가을 천지가 진리의 이름으로 신명들을 내세워 응징하는 것입니다.

상제님은 구원받는 인류의 손으로 이 파탄 도수를 모두 끌러 내고 천지의 꿈이요 이상인 후천선경 문명을 이 땅에 실현할 수 있도록 금 도수를 보신 것입니다.

2. 난리가 나가고 병이 들어오리라

1907년 12월 어느 날, 천지의 조화주요 온 우주의 주권자이신 증산 상제님께서 천지공사를 보시다가, 방에 누우신 채 대성통곡을 하셨습니다. "천지 이치로 때가 되어 닥

치는 **개벽의 운수는 어찌할 도리가 없느니라**"(2:73:4)라고
하신 말씀처럼 피할 길이 없는 추살秋殺의 개벽 상황에서,
허망하게 명줄이 떨어질 지구촌 창생이 너무도 안타깝고
가여워 목 놓아 우신 것입니다.

　추살의 섭리에 따라 일어나는 가을개벽의 실제 상황!
그 구체적인 내용이 바로 상씨름과 함께 닥치는 '괴질 병
겁'입니다.

> ☟ 난리가 나간다, 난리가 나간다. 난리가 나가고 병이
> 들어오리라. (5:336:9)

　이 말씀처럼 상씨름이 시작되면서 지구촌에 병이 들어
옵니다. 병겁은 남북 상씨름의 마지막 한판 승부가 핵전
쟁으로 비화되는 것을 막으면서 인류사의 마지막 전쟁을
조기에 종결시키는, 가을개벽을 몰고 오는 또 다른 손길
입니다.

> ☟ 성도들이 "전쟁은 어떻게 말리려 하십니까?" 하
> 고 여쭈거늘 말씀하시기를 "병으로써 말리느니라.
> 장차 전쟁은 병으로써 판을 막으리라" 하시니라.
> (7:35:4~5)

지구촌이 마지막 상씨름 전쟁의 소용돌이 속으로 빨려 들어가는 극적인 상황에서 괴병이 들어와 남북 전쟁을 종결짓게 됩니다.

남북 상씨름의 한 판 승부도 한민족에게 엄청난 시련을 주는 사건이 되겠지만, 그것은 가을개벽을 향한 전주곡에 불과합니다.

역사를 돌이켜보면 큰 전쟁이 발발할 때는 반드시 큰 전염병이 뒤따랐습니다.

스페인독감 보도 기사 (1918. 12. 27, 매일신보) '유행감기(스페인독감)로 3개월간의 사망자가 6백만 명'이라는 제목이 보인다.

1차 세계대전을 끝맺은 결정적 계기가 된 것도 다름 아닌, 전쟁의 마지막 해(1918)에 창궐한 '스페인독감'이었습니다. 이 독감은 전 세계에서 약 5천만 명의 목숨을 앗아갔습니다. 이것은 전쟁으로 인한 사망자 수보다 3배나 많은 숫자입니다. 선천 문명사의 최후 결전인 남북 상씨름을 종식시키는 비장의 카드 또한 '병란病亂'입니다.

⚙ 병란兵亂과 병란病亂이 함께 오느니라. (7:34:1)

이 말씀 그대로, 남북 상씨름이라는 병란兵亂 상황에서 괴질 병겁의 병란病亂이 들어와, 인류는 가을개벽의 실제 상황으로 휩쓸려가게 됩니다.

3. 병겁은 가을개벽으로 들어가는 통과의례

| 병겁은 선천 원한을 끌러 내는 마지막 씻김굿 |

그럼 이 괴질 병겁은 누가 일으키는 것일까요?

☞ 내가 이곳에 무명악질無名惡疾을 가진 괴질 신장들을 주둔시켰나니 신장들이 움직이면 전 세계에 병이 일어나리라. (5:291:9~10)

가을 개벽기에 인간 생명을 거두는 병겁! 이것은 바로 괴질 신장神將들이 지상에 내려와 '추살 도수'로 인간의 명줄을 일순간에 끊어 버리는, 실로 가공할 환란인 것입니다.

상제님은 이 괴질의 원인을 이렇게 밝혀 주셨습니다.

☞ 선천의 모든 악업惡業과 신명들의 원한과 보복이 천하의 병을 빚어내어 괴질이 되느니라. 봄과 여름에는

큰 병이 없다가 '가을에 접어드는 환절기'가 되면 봄 여름의 죄업에 대한 (인과응보)가 큰 병세病勢를 불러 일으키느니라. (7:38:2~3)

괴질 병겁은 선천 5만 년 동안 인간이 저질러 온 모든 죄업에 대한 응보이자, 원신과 척신이 내뿜는 복수의 독기 때문에 생겨난다는 것입니다.

그렇다면 병겁이 인류사에 던져 주는 의미는 무엇일까요?

> 한마디로 병겁은 선천의 상극 문화권에서 생겨난 묵은 기운을 총체적으로 정리하고 상생의 새 우주를 열기 위한 통과의례입니다.
>
> ✱앞으로 좋은 세상이 오려면 (병으로 병을 씻어 내야) 한다. (2:139:8)

이 말씀과 같이 가을개벽의 시운을 맞아, 병겁은 선천의 크고 작은 질병을 깨끗이 씻어 내 줍니다. 병리 현상만 씻어 내 주는 것이 아니라, 천지 안의 모든 패악悖惡과 불의를 뿌리 뽑아 내 줍니다. 그리하여 괴질 병겁을 극복하면서 인류는 상생 문명의 첫발을 내딛게 됩니다. **가을 병**

겁은 겉으로 보기에는 무자비한 **죽음의 사신死神이지만,** **사실은 씨종자가 될 인간을 건져** 상생의 새 시대를 여는 조화 방망이인 것입니다.

또한 병겁은 서양으로 기울어진 지구촌의 세력 불균형을 바로 잡는 마지막 카드이기도 합니다.

> ☹ 동서양 싸움을 붙여 기울어진 판을 바로잡으려 하였으나 워낙 짝이 틀려 겨루기 어려우므로 '병으로써 판을 고르게' 되느니라. (7:34:2)

'병으로써 판을 고른다'는 이 말씀에는 동서양의 세력 균형뿐만이 아니라, 선천의 분열 기운을 타고 천 갈래 만 갈래로 갈려 나간, 천상 신명과 지상 인간의 마음과 정신 구조까지 모두 바로잡는다는 뜻이 담겨 있습니다. 병겁을 극복하는 과정에서 인간 삶의 근본 문제들이 총체적으로 끌러지는 것입니다. **괴질 병겁은 세계 구원의 필요** **악이며 생生을 위한 극약 처방**인 셈입니다.

| 병겁을 알리는 경계 경보, 시두 대발 |

상씨름의 마무리 운으로 들어선 21세기 초부터, 각종 질병이 갈수록 무서운 위세를 떨치며 인간 생명을 위협하고 있습니다.

  ✤ 이제 전에 없던 별놈의 병이 느닷없이 생기느니라.
(3:311:1)

이 말씀과 같이 에이즈, 사스(중증 급성호흡기 증후군), 조류독감, 신종플루, 코로나-19(COVID-19) 등이 잇따라 출몰하여 전 세계를 긴장시키고 있습니다.

사스 공포가 지구촌을 강타하던 2003년 봄, 『LA 타임스』(2003.5.3.)에 "사스는 앞으로 닥쳐올 전대미문의 괴질 확산의 전조일 뿐이다. 사스는 단지 리허설에 불과하다"라는 세계보건기구WHO 줄리 홀Julie Hall 박사의 경고문이 실렸습니다. 또 2009년에 멕시코에서 확산된 신종플루 대유행이 지구촌을 휩쓸자, 전문가들은 이구동성으로 신종플루 이후 더욱 치명적인 변종 바이러스가 출현하여 인간의 생명을 위협할 것이라고 경고하였습니다.

그런데 지구촌을 위협하는 이러한 질병들은 개벽의 실제상황으로 들어가는 과정에서 보면, 아주 작은 병에 불과합니다. 2020년과 2021년을 강타한 코로나-19도 작은 병에 불과합니다. 이보다 훨씬 더 충격적인 병이 '병겁의 예고편'으로 닥칩니다.

☩ 앞으로 시두時痘가 없다가 때가 되면 대발大發할 참
이니 만일 시두가 대발하거든 병겁이 날 줄 알아라.

(7:63:9)

이 말씀대로 남북 상씨름의 최후 한 판이 임박한 상황
에서, 오래 전에 자취를 감추었던 시두時痘손님, 즉 천연
두(마마)가 창궐합니다. 사스나 조류 독감은 이 시두에 비
하면 병세가 물방울 몇 개 튀긴 정도입니다. 때가 이르러
천지에서 발령하는 개벽의 경계경보인 가공할 시두가 들
어오면, 지구촌은 준準 개벽 상황으로 들어서게 됩니다.

시두는 공기로 전파되기 때문에 무서운 전염력을 가지
고 있습니다. 시두 환자의 폐에서 뽑아낸 체액 한 방울에
는 천 명을 감염시키고도 남을 바이러스가 들어 있다고
합니다.

시두 대발 문제가 심각
한 가장 큰 이유는, 지구
촌에서 시두가 마지막으
로 발생한 지 수십 년이
지나, 사람들이 소멸된
것으로 여기고 예방 접종
도 하지 않는다는 점 때

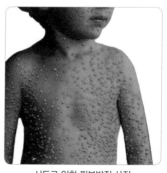

시두로 인한 피부발진 사진

문입니다. 전 세계에서 시두 바이러스가 보관되어 있는 곳은 네 군데에 불과하며 의사들조차 시두에 대해 잘 알지 못합니다. 시두를 직접 경험해 본 의사가 없는 것입니다.

그러니 자연적으로 터지든 인위적으로 터지든, 시두가 다시 출현한다면 걷잡을 수 없이 끔찍한 희생이 따를 것입니다.

| 병겁의 시발처와 확산 과정 |

그러면 시두 대발 뒤에 일어나는 대 괴질은 어디에서 시작될까요? 성도들이 이 문제를 여쭙자 상제님은 "구원의 도가 있는 조선"(7:40:2)에서 처음 발병한다고 말씀하시고, 그 확산 경로와 기간을 상세히 밝혀 주셨습니다.

☞ 이 뒤에 병겁이 군창群倉에서 시발하면 전라북도가 어육지경魚肉之境이요 광라주光羅州에서 발생하면 전라남도가 어육지경이요 인천仁川에서 발생하면 온 세계가 어육지경이 되리라. 이 후에 병겁이 나돌 때 군창에서 발생하여 시발처로부터 이레 동안을 빙빙 돌다가 서북으로 펄쩍 뛰면 급하기 이를 데 없으리라. 조선을 49일 동안 쓸고 외국으로 건너가서 전 세계를 3년 동안 쓸어버릴 것이니라. (7:41:1~5)

병겁이 군산(군창)에서 처음 발생하여 49일 동안 남북한을 오르내리면서 병세가 더욱 강력해지는 가운데 인천으로 확산되면, 전 세계는 '인人개벽'이라는 초유의 비상사태를 맞게 될 것입니다.

❀ 인천에서 병이 나면 전 세계가 인人개벽을 당하리니 세상을 병으로 쓸어버리리라. (7:43:2)

이렇게 괴병이 확산되면 상씨름 전쟁의 판도는 어떻게 될까요? 상씨름의 막판 싸움은 어쩔 수 없이 소강상태로 접어들 것입니다. 상제님은 바로 이때 미군이 한반도에서 일시에 물러간다고 하셨습니다.

❀ 무명악질이 돌면 미국은 가지 말라고 해도 돌아가느니라. (5:406:6)

| 병겁이 돌 때 모든 의술은 무용지물 |

상제님은 유사 이래 처음 겪는 대참극 속에서 괴병이 세계 곳곳을 휩쓸며 인류의 생사를 가르는 이 '3년 병겁'의 위기 상황을 이렇게 말씀해 주셨습니다.

✤병겁이 일어나면 두더지가 땅을 뒤지지 못하고 제비
가 하늘을 날지 못하리라. 앞으로 무법無法 삼 년이
있다. (7:34:5~6)

이런 상황에 이르면 교통과 통신이 두절되어 지척이
천 리처럼 느껴질 것입니다. 뿐만 아니라 상하수도와 도
시가스 등 일상생활을 지탱하는 기본 시스템이 마비되어
생존 자체가 가장 큰 문제가 될 것입니다.

더욱이 상제님은 이 병을 '급살병'(7:42:1)이라 하셨습니
다. 그렇다면 병겁의 확산 속도와 치사율은 우리의 상상
을 초월할 것입니다. 『도전』 곳곳에는 다음과 같은 경계
의 말씀이 있습니다.

✤이 뒤에 괴병이 돌 때는 자다가도 죽고 먹다가도 죽
고 왕래하다가도 죽어 묶어 낼 자가 없어 쇠스랑으
로 찍어 내되 신 돌려 신을 정신도 차리지 못하리라.
(7:36:1~2)

✤병이 여기저기서 정신없이 몰아 올 적에는 여기서 죽
고 나면 저기서 죽고, 태풍에 삼대 쓰러지듯 척척 쌓
여 죽는단 말이니라. 그 때는 '문중에 한 사람만 살아
도' 그 집에 운 터졌다 하리라. (7:36:3~5)

☙ 장차 십 리 길에 사람 하나 볼 듯 말 듯한 때가 오느니라. (2:45:3)

증산 상제님 도의 종통 계승자인 태모 고수부님도 "**괴질의 기세가 워낙 빨라서** 약 지어 먹을 틈도 없을 것이요, 풀잎 끝의 이슬이 오히려 더디 떨어진다"(11:386:2)고 하셨습니다.

괴질은 치료약을 개발할 시간조차 허락하지 않고 약방과 병원을 먼저 침입하여 현대 의학과 의료 체계부터 무력화시키며 온 천하를 휩쓸어 버린다는 것입니다.

☙ 병겁이 돌 때는 세상의 모든 의술이 무용지물이 되느니라. (7:39:3)

☙ 병겁이 들어올 때는 약방과 병원에 먼저 침입하여 전 인류가 진멸지경에 이르거늘 이때에 무엇으로 살아나기를 바라겠느냐. (7:37:1)

이때는 어떤 약으로도 사람을 구할 수 없고, 오직 상제님과 태모님이 전해 주신 '**천지 조화법**'으로만 살아남을 수 있습니다. 그 조화법이 무엇인지는 뒤에서 다시 살펴보겠습니다.

인류가 고난 받은 전염병의 역사

BCE 430	• 아테네 5년간 역병 창궐, 멸망 초래	
2C~6C	• 로마제국 천연두 정기적 출몰, 로마 멸망의 큰 원인	고대
1331~1334	• 중국 선 페스트 창궐. 인구의 3분의 1 사망. 몽골제국 해체의 한 원인	
1347~1351	• 유럽 흑사병 창궐, 유럽 인구의 3분의 1 사망. 이후 17세기까지 주기적 발생	중세
16C	• 아메리카 대륙 18세기까지 천연두, 홍역 등이 신대륙에 상륙, 7천만 명 이상 사망. 아즈텍, 잉카 문명 멸망	
1830년대	• 산업화가 초래한 콜레라, 범세계적인 대유행	근대
1918년	• 스페인독감 발병 5천만 명 이상 사망 → 1차 세계대전 종결의 직접적 계기	
1957년	• 아시아독감 2백만 명 사망	
1968년	• 홍콩독감 백만 명 사망	
1981년	• LA에서 AIDS감염자 발생, 현재까지 누적 사망자 3천6백만 명 이상	
1997년	• 홍콩에서 H5N1 고병원성 바이러스 처음 발발	20세기
2002년	• 사스SARS 발생, 8천여 명 감염, 9백여 명 사망	21세기
2003년	• 조류독감 발발 이후 매년 발생하여 270여 명 사망 (치사율 60퍼센트 이상)	
2009년	• 신종플루 전 세계에서 발병,1만 4천명 사망	
2012년	• 메르스(MERS 중동 호흡기 증후군) 25개국 발생, 한국은 2015년 발발	
2019년	• 코로나-19 바이러스 발병, 세계적 유행 질병대란 시대가 지속된다.	

질병대란 시대가 지속된다

| 이때는 생사를 판단하는 때 |

여기서 한 가지 의문이 떠오릅니다. (왜) 천지는 봄여름 동안 억조창생을 낳아서 길러 놓고 가을이 되면 다 죽이는 것일까요?

> ☞ 가을바람이 불면 낙엽이 지면서 열매를 맺는 법이니라. 그러므로 이때는 '생사 판단生死判斷을 하는 때'니라. (2:44:2~3)

괴질이 인간 생명을 잡아 가는 이 비극적 상황은 가을철에 인간이 성숙과 완성을 이루어 열매를 맺는 과정에서 어쩔 수 없이 치러야 하는 신고辛苦라는 말씀입니다. 여름철 상극의 마지막 시간대로 다가갈수록, 선천 세상의 온갖 원한과 분열 기운이 일시에 다 폭발하여 갖가지 무서운 재난이 일어납니다.

따라서 이 시대를 살아가는 모든 사람은 이에 대해 크게 깨어져서 철저하게 준비를 하여야 합니다. 그래야 자기 가족과 주변 사람들, 나아가서는 지구촌의 모든 형제들과 함께 삶을 지속해 나갈 수 있을 것입니다.

4. 가을 천지로 들어서는 출발점, 지축 이동

| 대지진을 대비하라 : 천지가 뒤집어진다 |

그런데 이같이 끔찍한 '3년 병겁'과 동시에 일어나는 개벽 상황이 하나 또 있습니다. 그것은 바로 우주 시공간의 틀이 바로잡히는 '지축 이동'입니다. 상제님께서는 이에 대해 이렇게 말씀하셨습니다.

> ☀ 상제님께서 "앞으로 천지가 뒤집어져." 하시거늘 호연이 다시 "어떻게 하늘이 뒤집어질까?" 하니 이르시기를 "이제 그려." 하시니라. (7:57:11~13)

상씨름이 넘어가고 괴병이 창궐하면서 천지 부모의 몸, 즉 천체天體에 대변동이 일어납니다.

> ☀ 공부하는 자들이 '방위가 바뀐다.'고 이르나니 내가 천지를 돌려놓았음을 세상이 어찌 알리오. (4:152:1)

선천에는 생기生氣가 터지는 동북방, 즉 양陽의 방위로 천체가 기울어져 있어, 지구를 비롯한 태양계의 행성도 모두 타원으로 돌고 있습니다. 그리하여 지나온 선천 5만

년 동안 천지일월은 상극 질서 속에서 끊임없이 모순을 극복하며 성숙을 향한 고통의 숨결을 내뿜어 왔습니다.

그런데 여름철 마지막 순간에 이르면 자연의 상극질서를 종식시키는 대사건이 일어납니다. 기울어진 지구의 자전축이 크게 이동하고 지구의 공전 궤도도 타원형에서 정원형으로 탈바꿈합니다.

| 바다가 육지, 육지가 바다 된다 |

그러면 지축이 바로 설 때, 지구촌 인류에게 닥치는 충격은 과연 어떠할까요? 증산 상제님께서는 그 상황을 이렇게 밝혀 주셨습니다.

✽ 동서남북이 눈 깜짝할 사이에 바뀔 때는 며칠 동안 세상이 캄캄하리니 그 때는 불기운을 거둬 버려 성냥을 켜려 해도 켜지지 않을 것이요, 자동차나 기차도 움직이지 못하리라. (2:73:2~3)

지축이 일시에 23.5도나 이동하여 바로 선다면, 화산폭발, 대지진, 대홍수 같은 상상을 초월하는 난리가 지구촌 곳곳에서 동시다발적으로 발생할 것입니다.

지난 2004년 12월, 인도네시아 인근 인도양에서 지진이 발생하여 태국, 인도, 아프리카까지 쓰나미가 휩쓸고 지나갔습니다. 지진은 불과 15초 동안 지속되었을 뿐이지만 그 충격은 실로 엄청났습니다. 수많은 사람이 죽음을 당하고, 여러 섬과 해안 마을이 지도에서 사라져 버렸습니다. 지질연구가들은 이때 지축이 미세하게 흔들렸다고 발표하였습니다.

지축이 이동할 때 일어나는 충격은 이에 비할 바가 아닙니다. 그것은 상전벽해桑田碧海라는 옛말처럼 지구의 골격 자체를 바꿔 버릴 것입니다.

> ✿ 장차 바다가 육지 되고, 육지가 바다 되는 세상을 당하리라. (11:263:3)

이러한 대파국 현상에 대해 노스트라다무스, 에드가 케이시, 루스 몽고메리, 폴 솔로몬과 같은 영능력자들은 여러 가지 메시지를 전하였습니다. 그 중 루스 몽고메리(1912~2001)는 70억 인류 가운데 극이동의 대변국에서 살아남을 생존자가 1억 1명이라고, 그 나름대로 수치까지 밝히고 있습니다.(『미래의 문턱Threshold to Tomorrow』)

그녀는 천상 보호신 두 명이 보여 준 개벽의 실제 상황을 적나라하면서도 체계적으로 묘사하였는데, 특히 극이 이동하는 순간을 다음과 같이 상세하게 전하였습니다.

> 지구 극이동 그 자체는 '눈 깜짝할 사이'에 마치 지구
> 가 한쪽으로 넘어지는 것처럼 일어난다. … 밤인 지
> 역에서는 하늘의 별들이 마구 흔들려 땅에 떨어지는
> 듯하고, 다음 날 새벽이 밝아올 때는 지평선에서 떠
> 오르는 태양이 전혀 엉뚱한 방향에서 솟아오르는 것
> 을 목격하게 된다.

또한 그녀는 극이동 후에 물 개벽을 당하는 지구촌 곳
곳의 상황을 눈으로 보는 듯이 묘사하고 있습니다.

> 뉴욕시는 물 밑으로 사라져 버릴 것이다. 미국의 동
> 부와 서부, 영국, 남아시아 그리고 유럽의 전 지역이
> 아틀란티스 대륙의 융기로 물이 범람하게 되고, 레
> 무리아 대륙의 일부가 태평양에 솟아오르게 된다.
> 그리고 하와이는 바다 속으로 미끄러져 들어간다.

지축이 이동하면 지구촌의 많은 땅덩어리가 물속으로
사라지게 되는 것입니다. 이런 극적인 상황 속에서 지금
까지 유지된 세계 질서는 '눈 깜짝할 사이'에 붕괴되고 인
류는 새로운 문명의 틀을 바탕으로 새 출발을 하지 않을
수 없는 비상 국면으로 접어들게 됩니다.

| 동북아 3국의 지형 변화 |

이때 한반도를 중심으로 한 동북아는 어떻게 변화할까요?

♨ 앞으로 중국과 우리나라가 하나로 붙어 버린다. …
　장차 동양 삼국이 육지가 되리라. (7:18:4~5)

한반도 주변의 동양 삼국이 육지로 다 이어져서 완전히 새로운 지형이 형성됩니다.

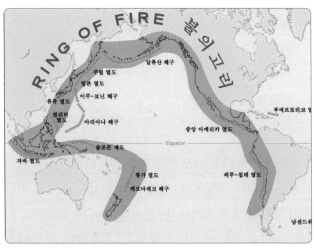

환태평양 불의 고리. 지진과 화산이 자주 일어나는 곳이다. 태평양을 둘러 싸고 있는 형상이 고리 모양이므로 '불의 고리'라 한다.

상제님은 이때 가장 큰 변혁을 당하는 일본의 운명을 이렇게 밝혀 주셨습니다.

☫ 일본은 불로 치리니 종자도 못 찾는다. (5:406:9)

개벽 상황 때 일본 열도의 활화산들이 일제히 불을 뿜고 곳곳에서 대지진이 발생하여 인종 씨도 추릴 수 없을 만큼 엄청난 재난이 닥친다는 말씀입니다. 1975년 일본 히로시마 선통사의 도승 기다노는 천지신명들과 주고받은 이야기를 이렇게 전하였습니다.

☫ 앞으로 세계 지도가 바뀝니다. … 일본은 전 인구 가운데 약 20만 명이 살아남습니다. (『동방의 한나라』)

실제로 이러한 일이 일어난다면 얼마나 끔찍하겠습니까? 일본 인구가 지금 1억3천만 명인데 그 가운데 99% 이상이 죽는다는 것입니다. 『일본 침몰』이란 영화를 보면, 일본 전역에서 연쇄 지진이 터져 일본 열도가 물

기다노 케이호우北野惠宝
대승정(1877~1945)

속으로 사라집니다. 그때 사람들이 배를 타고 부산으로 피난을 오는데 도중에 쓰나미가 덮쳐서 한순간에 다 수장되어 버립니다.

일본이 침몰할 가능성에 대해 동경대 자연과학부 다치바나 교수는 과학적인 근거를 들어 이렇게 설명하였습니다.

일본의 활화산은 1995년 현재 83개로 다른 나라보다 평균 40배 가량 밀집되어 있으며, 마치 척추처럼 일본 땅의 중앙에 일직선으로 배열되어 있다. 또한 화산대 아래의 지하수로가 거미줄처럼 연결되어 있어 거대한 화산 폭발이 일어날 경우 인근 화산의 마그마를 식혀주는 지하수까지 분출하게 된다. … 최악의 경우 도미노 현상으로 일본 열도 전체로 번지면 최고 북단에 있는 홋카이도北海道의 일부 지역만 남겨놓고 일본 열도가 바다 속으로 가라앉게 된다.

이렇게 일본 열도가 한순간에 물속으로 가라앉는다면 인접한 한반도는 어떻게 되겠습니까?

☀ 동래울산東萊蔚山이 흐느적흐느적 사국四國 강산이 콩 튀듯 한다. (5:405:4)

❀ 개벽이 되면 군산은 모지라진 빗자루가 석 자루 서
고, 인천은 장이 썩고, 부산은 백지白紙 석 장이 뜨느
니라. (11:263:5)

일본 침몰이 시작되면 거대한 해일이 한반도로 밀어닥
쳐 부산, 울산 등지의 동남지역이 큰 피해를 입게 된다는
말씀입니다.

한반도도 더 이상 지진 안전지대가 아닙니다. 지축이
이동하는 과정에서 한반도를 비롯하여 지구촌 전역에 대
재앙이 덮쳐옵니다. 이러한 환란은 루스 몽고메리의 말
처럼 '지구 자체의 정화淨化를 위한 필연적인 과정'입니
다. 앞서 이야기한 남북 상씨름의 병란兵亂, 괴질 병겁이
지구촌을 휩쓰는 병란病亂과 함께 지축 이동은, 묵은 천지
가 생명 기운으로 충만한 새 천지로 거듭나기 위한 출산
의 고통이자 부활의 몸짓인 것입니다.

5. 인간 생사의 갈림길, '임팩트 존'

인류는 지금 삶의 틀이 총체적으로 흔들리는 '임팩트
존Impact Zone'의 시간대로 들어섰습니다. 임팩트 존이란

원래 '최고점에 이른 파도가 부서지기 직전의 순간'*을 말합니다. 상제님이 말씀하신 '무기戊己 천지 한문天地閈門'의 시간대를 출발점으로 하여 임팩트 존이 시작되었습니다.

✽ **무기戊己는 천지의 한문閈門이니라.** (6:109:7)

그럼 '무기 천지 한문'이란 무엇일까요?

한문閈門의 한閈은 '마을 어귀의 문門'을 뜻합니다. 우리가 어떤 시市나 군郡으로 들어설 때 '여기부터는 ○○입니다'라는 푯말을 보게 되는데, 그것이 곧 한문입니다. 여행자가 목적지에 다 도착했음을 알려 주는 것입니다.

따라서 '무기 천지 한문'이란 '무기'년이 곧 '구舊천지 상극'이 '신新천지 상생'으로 바뀌는 가을개벽이 임박했음을 알리는 시간대라는 말씀입니다.

그런데 '무기 천지 한문'이란 특정 연대를 의미하는 것이 아닙니다. 적의 공격이 예상되거나 공격이 있을 경우 그 사실을 국민에게 신속히 알리는 정부의 민방공 경보

---

* 임팩트 존은 위로 던져진 물건이 아래로 도로 떨어지기 직전의 순간, 골프에서 채와 공이 충돌해서 잠시 붙어있는 순간, 쓰나미가 건물을 내리치기 직전의 순간 등을 말한다.

체제가 경계경보-
공습경보·화생방
경보 등으로 전개
되듯이, 특정 시점
이후로는 '무기'년
마다 천지에서 가
을개벽의 임박을

알려줍니다. 쇼트트랙 경주에서 결승점까지 3바퀴, 2바
퀴, 마지막이라고 알리듯이 말입니다.

　이제는 개벽의 때를 알든 모르든, 개벽에 관심이 있든
없든, 온 인류가 일상생활 속에서 가을개벽의 큰 격랑을
피부로 실감하게 됩니다. 갈수록 높아지는 개벽의 파고
속에서 생존 자체가 삶의 목적이 될 수밖에 없게 되는 것
입니다. 개벽이 목전에 닥쳤음을 절감하고 열린 의식으
로 천지 대개벽의 실제상황을 극복하여 후천 가을 새 세
상으로 넘어갈 수 있도록 최선을 다해야 합니다.

　❀ 이제 보라! 천하대세를 세상이 가르치리라. 사람이
　　가르치는 것이 아니요, 이 세상이 갈수록 달라지나니
　　저절로 아느니라. (2:33:4~6)

무기년으로 들어선 이래 지구촌에 어떤 사건들이 벌어지고 있는지 잠시 짚어 보겠습니다.

　먼저 무자戊子년인 2008년 4월에는 한반도에서 조류독감이 기승을 부리고, 5월에는 중국 쓰촨성에서 대지진이 일어나 10만 명이 사망 또는 실종되었습니다.

　또한 기축己丑년인 2009년에는 신종플루가 지구촌 대유행으로 확산되어 온 인류가 질병대란의 심각성을 크게 각성하였습니다. 2010년 1월에는 아이티에서 대지진이 일어나 수십만 명이 죽고 고아가 십만 여 명이나 생겼습니다.

　그런가 하면 2008년 가을부터는 미국 발 금융 쓰나미가 터져 세계 경제가 대공황의 위기로 내몰리며 한계 상황을 드러내었습니다.

　일찍이 상제님께서는 자본주의의 운명을 다음과 같이 한마디로 정리해 주셨습니다.

　🔔 백년탐물百年貪物이 일조진一朝塵이라. (9:19:7)

　'백 년 동안, 잘 살아보려고 혼이 빠지게 돈을 벌었는데, 하루아침에 모든 재물이 티끌이 되어 버린다'는 뜻입니다. 근대 문화의 주제가 경제 강국, 즉 물질 중심의 녹

줄 창출인데, 이것이 다 무너진다는 것입니다.

무자(2008)·기축(2009)년 이후 다시 도래한 기해(2019) 년에는 선천 문명이 이대로는 지탱할 수 없음을 알 수 있게 하는 사건이 터졌습니다. 중국 우한에서 발병한 코로나-19(COVID-19) 팬데믹으로 전 세계가 큰 혼란에 빠졌습니다. 인류는 코로나를 겪으면서 그동안 자연을 파괴하면서 이룬 현대문명의 폐해를 몸소 체험했습니다. 과거와 같은 방향으로 가면 절멸하게 되고, 이제는 방향전환을 해야 한다는 것을 깨닫게 되었습니다.

하지만 코로나-19도 앞으로 발생할 시두나, 3년 병겁에 비하면 손가락으로 물방울 튕기는 정도밖에 되지 않습니다. 코로나는 앞으로 더 큰 병란이 닥치니 이에 대비하라는 천지에서 알려주는 사이렌입니다. 병란 시대에는 생존이 최우선입니다.

우주 1년의 창조 법칙

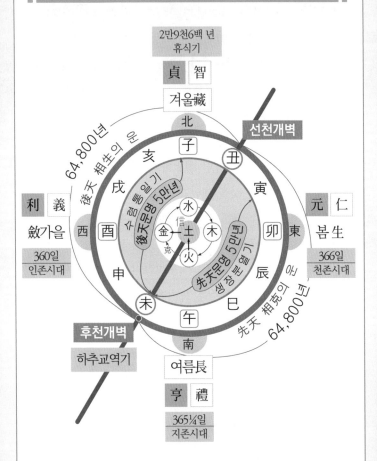

2만9천6백 년
휴식기

貞 智

겨울藏

北

선천개벽

64,800년

後天 相生의 운

子

丑

寅

亥

戌

卯 東

利 義

水

木

봄生

斂가을

西 酉

金 土 火

信

克

元 仁

366일
천존시대

360일
인존시대

申

辰

巳

先天 相克의 아

64,800년

後天문명 5만년

水昇火降일기

先天문명 5만년

생장분열기

未

午

후천개벽

南

하추교역기

여름長

亨 禮

365¼일
지존시대

안운산(1922~2012) 증산도 태상종도사님께서 해방 다음 해인 1946년에 우주론에 대한 깨달음의 정수를 그림으로 그려 도생들에게 내려 주셨다. 증산도의 선·후천 개벽 사상을 동양의 우주 변화 원리와 결합시켜 인생과 우주의 문제를 종교와 철학과 과학의 종합 논리로 명쾌하게 풀어 주셨다.

무기戊己 천지한문天地閞門(2008~2009)에
일어난 주요 사건

한 반 도	지 구 촌
2008년	**2008년**
2월 승례문 전소 4월 한반도 조류독감 발발 6월 북한 영변 냉각탑 폭파 8월 김정일 국방위원장 건강 이상설 11월 경의선 열차 운행 중지 개성관광 　　　중단 12월 육자회담 결렬	5월 중국 쓰촨성 대지진 10만 명 사망 　　　미얀마 사이클론 10만 명 사망 8월 북경올림픽 개최. 러시아 그루지야 　　　침공. 북극 해빙으로 북동, 북서 　　　항로가 동시에 열림 9월, 10월 미국 발 금융 쓰나미 발생, 세계 　　　증시 최대 폭락 11월 미 오바마 대통령 당선
2009년 ~2010년초	**2009년~2010년 초**
1월 북한 '전쟁위험' 연이은 수위높은 　　　발언 4월 북한 장거리로켓 발사 5월 국내 신종플루 발발. 북한 2차 　　　핵실험 단행. 노무현 前 대통령 　　　서거 8월 국내 신종플루 첫 사망자 발생 　　　김대중 前 대통령 서거 11월 한국 신종플루 '심각' 단계로 　　　격상. 3차 서해교전(대청해전) 　　　발발. 북한, 17년 만에 화폐 개혁 　　　단행. 2010년 1, 2월 북한 물가폭등, 아사자 　　　급증. 국내 구제역 발발	2월 동유럽 금융 위기. 호주 사상 최악 　　　산불 4월 멕시코에서 신종플루 발발. 6월 WHO 신종플루 대유행 선언. 11월 아랍에미리트(UAE) 두바이 정부 채무 　　　상환 유예 요청 12월 EU '미니헌법' 리스본 조약 발효 　　　코펜하겐 유엔기후변화협약 2010년 1, 2월 폭설, 폭우 등 전세계 　　　유례없는 기상이변, 아이티 강진으로 　　　30만명 사망. 칠레 8.8 대지진 발생과 　　　연이은 지진. 남유럽 발 재정 위기
2018년~2020년 초	**2018년~2020년 초**
2018년 남북정상회담 2018, 2019 북미정상회담 2019 중국발 코로나-19 바이러스 강타	2018년 유럽 사상 최악의 혹서 2019년 말 호주 최악의 산불 　　　(한반도 면적 85% 소실) 　　　코로나-19 팬데믹 세계적 대유행

2

세계는 이렇게 구원된다

1. 누가 소멸되고 누가 구원받는가?

| 가을철의 참사람으로 열매 맺으려면 |

그러면 과연 누가 가을개벽의 환란을 극복하고 후천에 새 생명을 얻는 주인공이 될 수 있을까요?

먼저 상제님께서는 전생前生·현생現生·후생後生 즉 삼생 三生에 걸친 큰 인연이 있어야 당신님의 무극대도를 만날 수 있다고 하셨습니다.(2:78:8) 전생에서부터 일심으로 상제님 도의 길을 걷고, 현생에서 상제님 진리를 만나 혈성을 다하여 신앙해야 합니다. 그리고 후생에도 상제님의 대업에 참여하려는 뜨거운 정성, 일심 어린 열정을 가져야 합니다.

또 하나, 상제님은 "조상의 음덕陰德으로 나를 만나게 된다"(2:78:3)고 하셨습니다. 이번 개벽기에는 각 성씨의 시조 할아버지부터 대대로 조상이 쌓은 선업善業과 악업 惡業에 따라 그 자손의 생사가 판가름 납니다. 음덕을 많이 쌓은 적덕가積德家의 자손은 새 생명의 진리를 만나 후천 세계로 넘어가지만, 악업을 많이 지은 적악가積惡家의 자손은 살길을 찾기 어렵습니다.

그러나 조상의 음덕이 있어 하늘에서 아무리 도를 열어 주어도 자손이 받아들이지 못하면 다 헛일입니다. 반면에 조상이 아무리 악행을 많이 저질렀어도 자손이 일심만 강력하면 척신隻神의 모든 방해 기운을 이겨 내고 마침내 상제님의 도를 만나 성공할 수 있습니다.

요컨대 적덕가의 자손이든 적악가의 자손이든, 진리를 들을 수 있는 귀를 크게 열고 어떠한 난관도 쾌연히 넘어설 수 있는 '혈심과 지극 정성'을 가지면 누구든지 상제님 태모님의 은혜로 구원 받을 수 있는 것입니다.

| 낙엽 되어 소멸되는 자는 |

상제님은 가을 개벽기에 살 기운을 받지 못하고 천지의 낙엽으로 '영원한 소멸'을 당하는 사람에 대해 이렇게 밝혀 주셨습니다.

✽ 자손이 선령을 박대하면 그 선령도 자손을 박대하느니라. 이제 인종 씨를 추리는 후천 가을운수를 맞아 선령신을 박대하는 자들은 모두 살아남기 어려우리

라. (2:26:6, 8)

※ 이때는 원시반본하는 시대라. 혈통줄이 바로잡히는
때니 환부역조換父易祖하는 자와 환골換骨하는 자는
다 죽으리라. (2:26:1~2)

4장에서도 말한 것처럼, 조상을 박대하거나 생명의 뿌
리인 부모와 조상을 부정하고 혈통을 바꾼 사람은 모두
살 수가 없습니다.

또한 신명을 부정하고 업신여기는 사람도 결코 살아남
을 수 없습니다. 가을 개벽기는 신도가 대발大發하여 뭇
신명이 추살의 법도를 집행하는 때이기 때문입니다.

※ 신도가 대발大發하는 개벽의 운을 당하여 신명을 능
멸하고서 어찌 살기를 바랄 수 있겠느냐! (4:49:8)

나아가 배은망덕한 자, 거짓된 자, 교만한 자, 선천의
묵은 진리에 빠진 종교 장사꾼 등도 천지 안의 모든 시비
를 바로잡는 가을철에는 결코 살아남을 수 없습니다.

※ '배은망덕만사신'이니라. (2:28:4)

※ 이제 각 교 두목들이 저의 가족 살릴 방법도 없으면

서 '살고 잘된다.'는 말을 하며 남을 속이니 어찌 잘 되기를 바라리오.… 저도 모르는 놈이 세간에 사람을 모으는 것은 '저 죽을 땅을 제가 파는 일'이니라.

(2:95:2, 4)

이것은 불의를 뿌리 뽑고 정의를 밝히는 대우주의 개벽 기운을 감당하지 못하여 죽어 넘어 가는 것입니다.

가을 세상으로 들어가기 위해서는 어느 누구든 '때의 변화에 순응하여 새롭게 태어나야' 합니다. '아버지 하나님, 상제님의 대도'를 닦아 기존의 낡고 묵은 사고와 행동 방식을 혁신하고, 세속의 탁류에 녹슬고 찌든 심령의 때를 과감하게 씻어 내야 '새 운수의 길'로 들어설 수 있습니다.

2. 구원의 법방, 의통

그러면 가을 천지의 추살 기운이 들어와 괴병이 엄습할 때 인류는 무엇으로 생명을 건질 수 있을까요?

증산 상제님께서는 1909년 6월, 천지공사를 마쳤음을 선포하시고 이렇게 말씀을 하셨습니다.

☙ 오직 괴병은 그대로 남겨 두고 너희들에게 의통醫統
을 전하리라. (10:28:7)

괴병이 들어와서 인간 명줄이 떨어지는 것은 가을의 섭
리이니 어쩔 수 없이 그대로 두고, 일꾼들에게 '의통'을
전수하여 새 세상을 여시겠다는 하나님의 선언입니다.

또한 상제님은 천상보좌로 돌아가시기 전날 깊은 밤,
극비리에 박공우 성도를 불러서 앞으로 닥칠 병겁의 대
세를 일러 주시고 '의통醫統'을 전하여 주셨습니다.

☙ 상제님께서 물으시기를 "공우야, 앞으로 병겁이 휩
쓸게 될 터인데 그 때에 너는 어떻게 목숨을 보존하
겠느냐?" 하시거늘 공우가 아뢰기를 "가르침이 아니
계시면 제가 무슨 능력으로 목숨을 건지겠습니까."
하니 말씀하시기를 "의통을 지니고 있으면 어떠한
병도 침범하지 못하리니 녹표祿票니라." 하시니라.

(10:48:3~5)

의통이란 도대체 무엇일까요?
의통에서 '의醫'는 '병든 것을 고쳐서 살린다'는 뜻이고
'통統'은 '거느린다, 통일한다'는 뜻입니다. 의통은 전 인

류가 죽어 넘어가는 병겁의 현장에서 사람을 살리는 상제님의 신패神牌입니다. 앞으로 남북이 49일, 전 세계가 3년 동안 괴병을 앓을 때, 병겁을 극복하고 온 인류를 건질 수 있는 활방活方을 일꾼들에게 열어 주신 것입니다.

> ☞ 공우가 여쭈기를 "때가 되어 병겁이 몰려오면 서양 사람들도 역시 이것으로 건질 수 있습니까?" 하니 말씀하시기를 "천하가 모두 같으니라." 하시니라.
> (10:49:4~5)
>
> ☞ 만법 가운데 의통법이 제일이로구나! (5:242:18)

이 의통은 춘생추살의 이법으로 인간의 명줄이 떨어질 때, 상제님의 천지 조화권으로 인간과 신명을 함께 살려[醫] 온 우주를 한 가족 문화로 통일하는[統] 구원의 법방입니다.

3. 가을생명이 되는 길, 태을주太乙呪 수행

| 스물석 자 주문에 담긴 구원의 섭리 |

상제님이 전해 주신 구원의 법방인 의통은 태을주를 바탕으로 구성되어 있으며, 태을주 주문은 스물석 자로 이루어져 있습니다.

> 의통이 인류를 구원하는 '하드웨어'라면, 태을주는 그 하드웨어를 작동시키는 생명의 '소프트웨어'입니다. 즉 **의통은 유형의 신물神物이고 태을주는 무형의 도권道權을 상징**합니다.

❀ 병은 태을주라야 막아내느니라. 태을주는 만병을 물리치는 구축병마驅逐病魔의 조화주라. (2:140:4~5)

❀ 내가 이 세상 모든 약기운을 태을주에 붙여 놓았느니라. (4:147:4)

태을주는 개벽기에 사람을 살리는 유일한 약입니다. **"태을주로 사람을 많이 살리리라"**(10:89:5) 하신 상제님의 말씀대로, 대개벽 상황에서 사람을 살리는 관건이 태을주 스물 석 자 공부에 달려 있습니다.

그러면 태을주 주문은 어떤 뜻을 담고 있을까요?

태모님께서는 **"주문의 근본정신을 알고 읽어야 주력呪力이 확고히 선다"**(11:180:2)고 하셨습니다.

태을주의 첫 글자 훔hum*은 '입 구口' 자와 '소 우牛'

---

* 『불교학대사전』에 따르면, 불교의 교의는 모두 '훔吽' 한 글자에 들어

太乙呪

"태을주는 천지 어머니 젖줄이니
태을주를 읽지 않으면 다 죽으리라." (2:140:9)

吽哆 吽哆
훔치 흠치

太乙天上元君 吽哩哆哪都來 吽哩喊哩娑婆訶
태을천상원군 훔리치야도래 훔리함리사파하

자가 합쳐진 글자로 '소 울음소리'를 상징합니다. 본래 **훔은 우주의 근원 소리로서 '종자 음절seed syllable'**이라 합니다. 말 그대로 모든 말과 소리의 씨(종자)가 되는 음절입니다. **훔은 우주 안에 있는** 모든 소리를 머금고 있는 **창조의 근원 소리**입니다. 동시에 우주 만유를 통일하는 생명의 소리이며 조화의 소리로서, 소리의 열매입니다. 따라서 훔을 근본으로 한 주문인 **태을주는 모든 주문의 뿌리인 '종자 주문bija mantra'**이라 할 수 있습니다.

그 다음 치哆는 소 울음 치, 입 크게 벌릴 치 자로 산스크리트어에서는 '신과 하나됨'을 뜻합니다. 치는 또한 대정불변야大定不變也, 곧 '크게 정해서 영원히 변치 않는다'는 의미도 있습니다. 치는 훔의 생명력이 밖으로 분출된 소리로서, 실제로 창조가 형상화되는 소리입니다.

훔치훔치는 우주의 근원을 찾는 소리이며, **신도의 조화 세계와 내 몸을 직접 연계해 주는 신성한 소리**입니다. 증산 상제님께서는 "훔치는 천지 부모를 부르는 소리니라. 송아지가 어미를 부르듯이 **창생이 한울님을 부르는**

있다. 「반야리취석상般若理趣釋」上에 "훔 자는 인因의 뜻이고, 인因의 뜻은 보리심이 인因이 됨을 말함이니, 곧 일체여래의 보리심이다. 또한 일체여래의 불공진여不空眞如의 묘체妙體와 항하사恒河沙 같은 공덕이 모두 이로 말미암아 생긴다"고 했다.

소리니라"(7:74:1~2)라고 하셨습니다. 우리 인간은 오직 태을주를 통해서만 천지 부모의 존재를 깨닫고 생명의 근원을 찾을 수 있습니다.

| 태을주의 조화 권능 |

그렇다면 태을주는 어떤 권능을 지닌 주문이기에 천지 이법으로 오는 추살 병겁에서 천하창생을 건질 수 있는 것일까요?

첫째, 태을주는 신천지의 조화 성령을 접할 수 있게 합니다. 태을주의 주신主神이 '조화 성령의 뿌리 하늘'인 태을천에 계신 상원군님이기 때문입니다.*

본래 천지성공이란 개인의 영적 차원에서 말하면, 천지의 성령과 소통하여 **'태일太─'의 존재가 되는 것**을 뜻합니다. 곧 천지의 성령을 받아 내려 본래부터 타고난 신성을 온전히 드러내어 '밝은 지혜로 사는 생명의 인간'이 되는 것이란 말입니다.

---

* '도의 뿌리 하늘'이 바로 북녘 하늘 '태을천'이며 이 태을천의 주신이 상원군上元君님이다. 태을천의 상원군님은 도의 뿌리요, 인간 생명의 근원이다. 그러므로 상원군님은 동서의 생명문화, 도통문화의 궁극적 근원에 계신 분이다. 그 때문에 태을천 상원군님, 곧 태을신太乙神을 '선불지조仙佛之祖', 모든 신선과 부처의 조상이라 일컬으며, 불가에서는 '치성광여래熾盛光如來'로 모셔왔다.

그것을 가능하게 해 주는 영적 통로가 바로 태을주입니다. 태을주는 우리 몸과 영을 맑혀서 우리 몸에서 천지의 성령이 발동되게 하고, 또한 성령을 받을 수 있게 해 줍니다. 태을주는 **천지 성령의 조화 기운을 받아 내리는 깨달음의 노래인** 것입니다.

인간이 선천 하늘에서 받아 누려온 생명은 여름철 지존 시대가 끝나는 순간 정지되게 되어 있습니다. 천지의 조화 성령을 받아 내려 태일이 됨으로써 시한부 생명을 후천으로 연장하는 길이 태을주 수행인 것입니다.

> ✽ 태을주는 심령心靈과 혼백魂魄을 안정케 하여 성령을 접하게 하고 신도神道를 통하게 하며 **천하창생을 건지는 주문**이니라. (11:180:4)
>
> ✽ 태을주는 본심 닦는 주문이니 태을주를 읽으면 읽을 수록 마음이 깊어지느니라. (11:282:2)

둘째 태을주는 모든 병마를 물리치는 주문입니다. 태을주는 몸에 천지의 수기水氣를 축적시켜 주기 때문에 **태을주를 많이 읽으면 우주의 본원 생명인 태극수水 기운을 강력하게 받아내려 몸의 저항력과 면역력이 강화**됩니다.

✽ 태을주는 수기 저장 주문이니 병이 범치 못하느니라.

(4:147:3)

✽ 내가 이 세상의 모든 약 기운을 태을주에 붙여 놓았
나니 만병통치 태을주니라. (3:313:8)

특히 "시두의 때를 당하면 태을주를 읽어야 살 수 있느
니라"(11:264:3)라고 하신 태모님의 말씀 그대로, 가을개
벽의 전령자로서 인간 몸의 수기를 모두 말려버리는 시
두가 폭발할 때는, 태을주를 염념불망念念不忘 읽지 않으
면 살아남을 수 없습니다.

✽ 태을주는 천지 어머니 젖줄이니 태을주를 읽지 않으
면 다 죽으리라. (2:140:9)

✽ 태을주는 후천의 밥숟가락이니라. (7:73:3)

셋째, 태을주를 읽으면 인생을 가로막는 모든 장애물을
물리칠 수 있습니다. 밝고 밝은 성령의 불길이 내려와 우
리 의식에서 어둠이 걷히면 무엇이 잘못됐는지, 무엇이
문제인지 확연히 알게 됩니다. 그리하여 무엇이든 자신
의 뜻대로 할 수 있다는 확신을 갖고 일에 임하여 마침내
성공을 거둘 수 있습니다.

✓ **안운산 태상종도사님**께서는 "**태을주는** 앞 세상 전 인류의 **제1의 생명이고, 내 생명은 제2의 생명이다**"라고 천명하셨습니다. 태을주가 내 생명을 지켜 주는 최우선의 생명이라는 말씀입니다.

요컨대 의통의 바탕인 태을주는 선천에서 후천 가을우주로 넘어가는 생명의 다리요, 선천 인간을 가을하늘의 참사람으로 열매 맺게 하는 생명수인 것입니다.

☸ 만사무기萬事無忌 태을주   만병통치萬病通治 태을주
　소원성취所願成就 태을주   포덕천하布德天下 태을주
　광제창생廣濟蒼生 태을주   만사여의萬事如意 태을주
　무궁무궁無窮無窮 태을주   태을주는 여의주如意呪,
　여의주는 태을주니라. (7:75:5~6)

| 가을 문화를 여는 태을주 |

그렇다면 동서 수행 문화에 참선도 있고 명상도 있고 요가도 있는데 왜 주문 수행을, 그 중에서도 특히 태을주 수행을 해야 하는 것일까요?

그것은 앞으로 오는 가을 문화가 신도 문화이기 때문입니다. 주문은 신도神道를 부르는 기도로서, 주문을 읽으면 신명 세계를 체험할 수 있습니다. 앞 세상은 신명과 인간

이 하나가 되는 세상으로, 천상에 있는 조상신이 전부 자손을 찾아 내려와 같이 삽니다. 또 나와 나를 지켜 주는 내 보호신保護神도 하나가 됩니다.

신도가 대발大發하는 때를 맞아 깨어 있는 마음으로 정성껏 태을주를 읽으면, 이 우주 만물과 내가 완전히 하나가 되는 신도 의식의 경계에 들어갑니다. 그래서 우주를 육안肉眼의 경계가 아닌 신안神眼으로 보게 됩니다. 태을주를 일하면서도 읽고 자면서도 읽고, 꿈속에서도 읽고, 잠에서 깨어날 때도 읽고, 그렇게 염념불망 읽고 또 읽으면 신안이 열립니다.

원래 주문이란 깨달음을 얻은 성인이 대우주 생명의 바다에 들어가 그곳에서 들려오는 생명의 조화 소리를 듣고 언어로 압축하여 표현한 것입니다.

상제님께서 내려주신 태을주 주문은 바로 조화와 생명의 근원 소리요, 신의 소리로서 천지 성령의 음악입니다. 그래서 상제님과 태모님은 조화와 통일 문명을 여는 가을개벽을 맞아 인류에게 태을주가 입에서 끊어지지 않게 읽으라고 거듭 당부하셨습니다.

☘ 오는 잠 적게 자고 태을주를 많이 읽어라. (7:75:1)

☘ 밤이나 낮이나 밥 먹을 때나 일할 때나 항상 태을주

가 입에서 뱅뱅 돌아야 하느니라. (11:263:8)

4. 의통과 태을주를 전수받는 길

| 의통과 태을주는 누구를 통해 전수되나 |

그러면 가을개벽기에 생명을 살리는 의통과 태을주는 어떻게 전수받을 수 있는 것일까요?

대개벽기에 상제님과 태모님을 대행하여 의통성업醫統聖業을 지휘하는 인사의 대권자를 통해서 전수받습니다. 그 대권자를 상제님은 '대두목大頭目'이라 칭하셨습니다. 대두목은 글자 그대로 '큰 우두머리', '최고 지도자'라는 뜻입니다. 상제님과 태모님께서는 이렇게 말씀하셨습니다.

☸ 세상이 바뀔 때에는 대두목이 나오리라. 그래야 우리
　 일이 되느니라. (11:54:3)

☸ 도통줄은 대두목에게 주어 보내리라. (6:129:3)

대두목은 상제님과 태모님의 도, '무극대도'의 맥을 계승하여 진리로 일꾼을 양육하는 큰 스승[大師父]입니다. 또한 장차 전 인류에게 의통과 태을주를 전수하고 후천선

경 문명을 개창하여 상제님의 대업을 매듭짓는 '진리의 주인'입니다.

| 인류를 구원하는 조직, 육임 의통구호대 : 칠성 도수 |

병겁이 온 세상을 휩쓰는 절박한 순간에 세상에 나아가 죽어 넘어가는 천하창생을 상제님의 조화권인 의통으로 건져 내는 구원의 조직이 있습니다. 그것을 상제님은 여섯 육六 자, 맡길 임任 자를 써서 '육임'이라 부르셨습니다.

육임은 의통구호대로서 도를 받은 여섯 명(육임)과 그 여섯 명에게 도를 전한 당사자(지휘자)까지 '일곱 명'이 한 조가 됩니다. 이 일곱 명은 '하나님의 별'인 북녘 하늘의 '칠성七星'으로부터 조화 성령을 받아 내려 사람을 살리는 '인간 칠성'입니다.

> ☀ 칠성 공사는 후천 인간을 내는 공사요, 낳아서 키우는 공사니라. (11:99:1)

육임 의통구호대는 구원의 천사로서 상생의 의식으로 충만하여 인류를 위해 헌신하는 '상제님의 거룩한 진리 군사'입니다.

상제님께서는 당신의 도를 받은 사람이라면 누구도 '도

를 전하여 육임을 조직하라'고 명하셨습니다.

- 도를 전할 때에 포교布教라고 일컬으라. (8:66:1)
- 포교의 도가 먼저 육임을 정하고 차례로 전하여 천하
  에 미치게 되나니 (8:101:2)
- 태을주로 포교하라. 포교는 매인이 천 명씩 하라. …
  먼저 7인에게 전한 후에 매인이 7인씩 전하면 천 명
  이 많은 것 같아도 시작하면 쉬우니라. (5:360:3~5)

　　그런데 앞에서도 이야기했듯이, 자손이 죽으면 조상도
소멸을 당합니다. 따라서 '상제님의 도道를 전한다는 것'
은 지상의 한 인간에게만 진리를 전하는 것이 아닙니다.
그 사람의 자손만대와 조상 선령 모두에게 살길을 열어
주는 것입니다. 그러므로 그 은혜와 공덕은 하늘땅보다
더 크다고 할 수 있습니다.

- 장차 천지에서 십 리에 사람 하나 볼 듯 말 듯하게
  다 죽일 때에도 씨종자는 있어야 하지 않겠느냐. 천
  하창생의 생사가 다만 너희들 손에 매여 있느니라.
  　　　　　　　　　　　　　　　　　　　(8:21:2~3)
- 너희들은 손에 살릴 생生 자를 쥐고 다니니 득의지추

> 得意之秋가 아니냐. (8:117:1)

죽기 위해 사는 인생은 없습니다. 상제님께서는 세상 사람을 살리기 위해 누구에게도 "세 번은 권하여 보아라. 공은 포덕布德보다 더 큰 공이 없느니라"(8:24:2)고 당부하셨습니다.

| 상제님의 도를 전수받아야 모든 것을 성취한다 |

구약 외경 가운데 하나인 『시빌라의 탁선』을 보면, 지혜롭고 신비로운 불멸의 여인으로 과거와 미래를 꿰뚫어 보았던 그리스·로마 시대의 예언자인 시빌이 '종말을 맞이할 약한 인간들'에게 이렇게 말합니다.

> 죽을 수밖에 없는 인간이여!
> 아무 힘도 없으면서
> 인생의 종말이 어찌 되는가
> 눈여겨보지도 않고
> 왜 그다지 교만해지기만 하느냐.

그녀의 탄식처럼, 선천 말대의 인간은 추살 개벽으로 낙엽 되어 죽을 수밖에 없는 운명을 타고 났습니다. 그 운명을 바꿀 수 있는 길이 하늘과 땅, 그리고 만물의 생명의 아버지 어머니이신 상제님과 태모님을 모시는 데에 있습니다.

> 이 하추 교역기에는 상제님과 태모님의 도를 전수받고 생명의 주문 태을주와 천지 조화권인 의통을 전수 받음으로써만 가을철 열매 인간, 영원한 생명으로 거듭날 수 있습니다. 그때 비로소 천지성공을 성취하는 길로 들어서는 것입니다.
>
> 그러므로 상제님의 진리를 세상에 전하여 사람 열매를 맺게 하는 것! 이것이 우주 역사의 총 결론입니다. 이것보다 더 위대하고, 보람되고, 가치 있는 일은 있을 수 없습니다.

이제 자연과 문명 질서가 크게 개벽된 후에 열리는 문명 진화의 궁극 세계인 '후천 조화 선경'을 향해 진리 여행을 계속하겠습니다.

제 7 장

후천 조화 선경과
참된 성공의 길

온 인류의 꿈이 성취되는 **후천 조화 선경!**

의통을 전수받아 가을개벽을 극복하고 나면, 인류는 천지 질서가 바로잡혀 불평등과 모순, 대립과 갈등, 부조화가 모두 사라진 성숙한 자연 환경 속에서 살게 됩니다.

인류가 그토록 바라던 불로장생이 실현되고, 남녀 동권이 이뤄지며, 빈부 격차가 없이 모두가 고루 잘 사는 세상이 됩니다. 선천 5만 년 동안 인간과 인간, 인간과 자연, 인간과 신명 사이를 가로막았던 모든 장벽이 무너지고 서로 극하는 이치가 없이 오직 상생의 마음으로 살아갑니다. 각기 닦음에 따라 신성이 온전히 발현되어 인간 스스로 모든 것을 뜻대로 행하며 가만히 앉아서 세상의 모든 일을 알게 됩니다. 상제님의 대도 진리로써 세계가 한 가족으로 통일되어 태평성대를 누립니다.

이제 신천지 문명을 건설하는 새 역사의 주인공으로 거듭남을 준비하며, 천지성공의 종착지인 후천 조화 선경의 문으로 들어가 보겠습니다.

이 장의 핵심 주제어

조화 선경, 도술 문명, 만사지萬事知, 신인합일, 지심대도술, 군사부 일체, 선仙 문화, 선매숭자, 남녀 동권, 태일太一, 천지 일꾼, 성경신 誠敬信, 일심

1

신천지 조화 선경

1. 밝아오는 조화 선경

상제님이 모악산 대원사에서 도통을 하시고 나서 하신
말씀이 있습니다.

> ☀이제 온 천하가 큰 병이 들었나니 내가 삼계대권을
> 주재하여 조화로써 천지를 개벽하고 불로장생의 선
> 경仙境을 건설하려 하노라. (2:16:1~2)

'하늘도 병들고, 땅도 병들고, 인간도 신명도 모든 것이
다 병들었다, 우주 만유가 병들었다! 그래서 내가 천지를
뜯어고쳐 선경을 건설하려 하노라!' 바로 여기에 상제님이
인간으로 오신 큰 뜻이 함축되어 있습니다. 병든 천지를 개
벽하고 후천 5만 년 선경 세상을 여는 것이 상제님이 이 세
상에 오셔서 천지공사를 행하신 궁극 목적인 것입니다.

상제님의 도법으로 가을개벽의 시련을 극복하고 나면

우리의 상상을 초월하는 아름답고 멋진 신세계가 지상에 펼쳐집니다. 그 신세계를 상제님께서는 조화 선경造化仙境이라 하셨습니다.

> ☸ 내 세상은 조화 선경이니 조화로써 다스려 말없이 가르치고 함이 없이 교화되며, 내 도는 곧 상생이니 서로 극하는 이치와 죄악이 없는 세상이니라. (2:19:1~2)

증산 상제님께서 천지 개벽공사로 열어주신 후천 5만 년 조화 선경은 어떤 세상일까요?

2. 후천의 자연 환경, 어떻게 바뀌나

후천이 되면 지축이 이동함에 따라 지구의 공전 궤도가 정원으로 바뀌고 시간의 틀이 달라져서 새로운 캘린더 시스템[曆法]을 사용하게 됩니다.

9년 천지공사 초반기인 1903년 음력 정월 초하룻날을 맞아 성도들이 상제님께 떡국을 차려드리자 상제님께서는 드시지도 않고 "내 가거라" 하십니다. 그러고는 음력 2월 1일 아침에 "떡국 한 사발 차려오너라"라고 하십니다. 2월은 음력으로 묘월卯月입니다.

❀ 내 세상에는 묘월로 세수를 삼으리라. (5:21:4)

'세수歲首'란 한 해가 처음 시작되는 첫 머리라는 뜻입니다. 선천에는 정월[인월寅月]이 세수였으나, **상제님께서 공사를 보심으로써 후천에는 음력 2월부터 한 해가 시작**됩니다.

또한 후천에는 1년의 날 수가 365¼일에서 360일로 바뀌고 한 달이 큰 달,

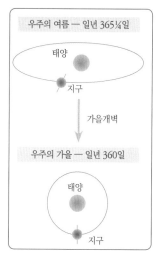

우주의 여름 — 일년 365¼일

태양
지구

가을개벽

우주의 가을 — 일년 360일

태양
지구

작은 달의 구분 없이 30일이 되어 음력과 양력이 같아집니다.

이러한 정음정양의 틀 속에서 자연 환경은 어떻게 바뀔까요?

❀ 수화풍水火風 삼재三災가 없어지고 상서가 무르녹아
   청화명려한 낙원의 선仙세계가 되리라. (7:5:6)

계절의 구분이 없어지고 사계절이 다 조화롭게 되며 극

한과 극서가 사라집니다. 선천 봄여름 동안 자연과 인간
을 지배해 온 상극 기운이 사라짐으로써, 그동안 끊임없
이 인류의 생존을 위협했던 홍수, 지진, 가뭄, 화산 폭발,
해일 등과 같은 자연 재해가 없어집니다. 선천 문명을 위
기 상황으로 몰고 갔던 환경오염과 생태계 파괴 등의 문
제도 모두 해결됩니다. 한마디로 인간이 살기에 가장 이
상적인 청화명려晴和明麗한 세상이 열리는 것입니다.

3. 선경 문명의 참모습

후천에는 인간의 생활 문화, 사회 구조, 세계 질서 또한
완전히 달라집니다.

| 도술 문명이 열린다 |

오늘 영희는 한겨울인데도 얇은 원피스를 입고 외출
한다. 옷이 자동으로 온도와 습도를 조절하기 때문
에 사시사철 얇고 가벼운 옷을 입어도 춥지 않다. 영
희가 얼굴에 바른 크림은 피부 땀구멍 속으로 들어
가 세포마다 노폐물을 제거하고 적당한 습기를 유지
할 수 있도록 하여 노화 예방뿐만 아니라 아기 같은
피부를 유지하게 해 준다.

며칠 후 영희네 가족은 인공 장기 병원에서 장기 교체 수술을 받는다. 인공 장기를 갖게 되면 해저와 우주에서 아무 장비 없이 지상에서처럼 편안하게 숨을 쉴 수 있다. 한 달 뒤 영희네는 화성에 새로 산 집으로 이사할 예정이다. (『세계적 미래학자 10인이 말하는 미래혁명』에서 발췌)

이것은 나노 기술에서 말하는 인류의 미래 생활 모습입니다. 그런데 이러한 과학 기술 문명은 증산 상제님이 백여 년 전에 설계해 놓으신, 후천선경 문화를 열기 위한 과도기 문명에 지나지 않습니다.

안운산 태상종도사님의 말씀과 같이 지금의 과학 기술 문명, 즉 컴퓨터나 휴대폰 같은 것도 극치의 문명이긴 하지만, 그것은 기계의 힘을 빌려야 되는 것입니다. 앞으로 다가오는 세상에는 기술 문명을 초월하는 '조화권 문명'이 열립니다.

✽ 도술운통구만리道術運通九萬里라. 도술문명의 대운은 우주 저 끝까지 통하리라. (5:306:6)

✽ 앞으로 … 도술로 세상을 평정하리니 도술정부가 수립되어 우주 일가를 이루리라. 선천은 기계 선경機械

仙境이요, 후천은 조화 선경造化仙境이니라. (7:8:1~3)

도술 문명은 인간이 기계의 힘을 전혀 빌리지 않고도 모든 것을 뜻대로 할 수 있는 조화 문명입니다.

| 신명과 인간이 하나 되는 세상 |

이러한 조화 문명은 신명계와 인간계가 하나 되는 '신인합일神人合一'의 세상이 열림으로써 이루어집니다. 신명들이 인간 세계에 내려와 인간과 함께 새 역사를 만들어 나가는 것입니다.

＊ 내 세상은 조화의 세계요, 신명과 인간이 하나 되는 세계니라. (2:44:6)
＊ 개벽하고 난 뒤에는 좋은 세상이 나오리니, … 그 때는 사람과 신명이 함께 섞여 사는 선경세계가 되느니라. (11:111:1~2)

앞 세상에는 인간 속에 깃들어 있는 무궁한 신성이 온전히 발현되고 인간의 마음 문이 활짝 열립니다. 인간의 의식이 전 우주에 울려 퍼지므로 언제 어디서든 인간과 인간, 인간과 신명이 서로 자유롭게 의사소통을 합니다. 인간이 살아 있는 조화 성신 자체가 되어 온 우주와 교감하며 만물의 신성과 대화하는 고도의 영성 문화가 열립니다.

그렇게 되면 지금 쓰고 있는 휴대폰 같은 것은 낡은 문명이 되고 맙니다. 사람이고 신명이고 자연이고 전부가 서로 마음으로 소통을 하기 때문입니다. '시공을 초월한 새로운 영적 커뮤니케이션 혁명'이 일어나는 것입니다.

또한 사람이 신명에게 명령만 하면 손 하나 까딱하지 않고도 뜻하는 것을 얻을 수 있습니다.

✽ 모든 일은 자유 욕구에 응하여 신명이 수종드느니라.
(7:5:8~9)

✽ 지붕도 담도 지푸락 하나 안 올라가고 집이 다 궁궐이 될 것이요, 문명이 발전하여 귀신이 밥해 주는 세상이 되느니라. (11:111:4)

그야말로 현실 선경, 조화 선경, 지상 선경으로서 살기 좋은 세상이 되는 것입니다.

| 만사지萬事知 문화가 열린다 |

앞 세상에는 사람들이 모두 앉아서 만 리를 보고 스스로 모든 것을 아는 만사지萬事知 문화가 열립니다.

※ 재생신 재생신이요, 조화조화 만사지라. (11:205:2)

이 만사지 문화를 상제님과 태모님께서는 '지심대도술
知心大道術'이라고도 하셨습니다.

선천은 금수대도술 시대입니다. 즉 선천의 문화는 인간
이 짐승의 탈을 벗어 나가는 과정이었습니다. 공자, 석가,
예수의 도라는 것이 그 본질을 깨고 보면 인간을 인간답
게 만드는 과정이었던 것입니다.

하지만 후천에는 모든 사람이 마음의 장벽을 열게 되므
로 인간이 인간의 마음, 천지의 마음, 만물의 마음을 환히
다 보고 알아 버립니다. 새와도 대화하고, 나무나 바위와도
이야기를 합니다. 나무나 바위에게 물을 주며 "맛이 어떠
니?" 하고 물으면서 그 마음을 기운으로 느껴서 아는 것입
니다. 뿐만 아니라 태초의 창세 역사로부터 앞으로 펼쳐지
는 무궁한 미래사까지 우주의 전 역사 과정을 알게 됩니다.
이것이 만사지 문화, 지심대도술의 세계입니다.

그러니 얼마나 멋진 세상이 열리게 될지 지금의 우리로서
는 상상도 할 수 없습니다. 정말 꿈같은 조화 세상입니다.

| 빈부 차별 없이 모두 잘 사는 세상 |

지난 문명사의 발자취를 돌아보면 근대 이후 자본주의

가 등장하여 문명을 급속히 발전시켜 왔습니다. 그러나 한편으로는 극심한 부익부 빈익빈 현상을 초래하였습니다. 현재 지구촌에 단 1달러로 하루를 버티는 사람이 10억이 넘는 지경입니다.

그런데 이번 가을개벽을 거치면서 세계 인구는 대폭 감소하고 반면에 각종 물자는 매우 풍부해집니다. 그리하여 천하 만민이 다 고루 잘 살게 됩니다.

☸ 후천에는 빈부의 차별이 철폐되며, 맛있는 음식과 좋은 옷이 바라는 대로 배달이칸에 나타나게 하리라. (7:5:3)

☸ 부자는 각 도에 하나씩 두고 그 나머지는 다 고르게 하여 가난한 자가 없게 하리라. 후천 백성살이가 선천 제왕보다 나으리라. (7:87:4~5)

| 자손과 조상이 지상에서 함께 생활한다 |

후천에는 가족 문화도 새로워집니다. 선천에는 자식을 못 두어 한을 품고 죽은 신명이 많았으나, 상제님께서 천하 창생으로 하여금 모두 자식을 낳을 수 있도록 복록을 고루 나누어 주셨습니다. 그래서 앞으로는 자식을 낳지 못하는 폐단이 없어집니다.

또 선천에는 죽음이 이승과 저승을 갈라놓아 가족이 죽으면 더 이상 만날 수도 볼 수도 없었습니다. 그러나 개벽이 되면 천상의 조상이 지상에 내려오고 인간의 영성이 완전히 열리므로, 자손이 마치 산 사람을 대하듯 조상 선령신들과 함께 오순도순 살아가게 됩니다.

그리고 가가도장家家道場 도수가 열려 각 가정이 신앙의 성소聖所인 도장이 됩니다. 가정마다 조상과 후손이 함께 상제님과 태모님을 모시고 태을주를 읽으며 상제님의 도법에 따라 살아가는 것입니다.

| 군사부 일체 문화 |

상제님 진리로써 도성덕립道成德立이 되는 앞 세상 문화의 틀이 바로 군사부君師父 일체 문화입니다.

❊ 옛적에는 신성神聖이 하늘의 뜻을 이어 바탕을 세움繼天立極에 성웅이 겸비하여 정치와 교화를 통제관장統制管掌하였으나 중고中古 이래로 성聖과 웅雄이 바탕을 달리하여 정치와 교화가 갈렸으므로 마침내 여러 가지로 분파되어 진법을 보지 못하였나니 이제 원시반본이 되어 '군사위君師位'가 한 갈래로 되리라.

(2:27:2~4)

동서고금을 막론하고 인류의 고대 문명은 예외 없이 제왕 문화였습니다. 근대에 이르러 백성들이 왕을 못 믿고서 자기네가 신임을 하는 사람에게 정권을 맡기는 민주주의 문화가 나왔지만, 이제 그것도 끝이 납니다. 선천의 모든 역사 과정을 극복한, 가장 성숙한 통치 문화로서 군사부 문화가 나오기 때문입니다. 원시로 반본하는 가을철을 맞아 통치 문화도 뿌리 문화 시대의 군사부 일체 문화가 새롭게 부활하는 것입니다.

　즉, 후천에는 군과 사와 부의 위位가 한 갈래로 합쳐집니다. 상제님이 생명의 아버지[父]이면서, 새 진리를 내려 주는 스승[師]이시고, 삼계를 다스리시는 제왕[君]이 되시기 때문입니다.

　안운산 태상종도사님께서 이를 알기 쉽게 설명해 주셨습니다.

　❀ 앞으로는 지금과 같은 민주주의 세상도 아니고 군사부 일체로, 상제님이 군君도 되고 사師도 되고 부父도 되는 세상이다. 생아자生我者도 부모요, 양아자養我者도 부모라, 나를 낳고 기르는 것도 부모이지만 죽는 세상, 천지에서 개벽을 하는 때에 살리는 것도 부모이다. 또 상제님 진리를 신앙하니 상제님이 스승도

되고, 상제님 진리로써 5만 년을 통치하니 상제님이 군주, 제왕도 된다. 그래서 군도 되고 부도 되고 사도 되신다. 천지의 최종 목적이 사람 농사를 지어 가을 철에 군사부 문화의 열매를 맺는 것이다. '군사부는 자연 섭리의 귀결점'인 것이다.

후천에는 이처럼 온 인류가 5만 년 내내 상제님 대도 진리의 통치권 속에서 살아갑니다.

| 민족 단위로 나라를 세운다 |

❋ 앞 세상에는 족속에 따라 나라를 세우리라. (5:332:9)

❋ 문명개화삼천국文明開化三千國가을의 새 문명은 삼천 나라로 열려 꽃핀다. (5:306:6)

개벽이 되면 각 민족은 제 뿌리를 찾아서 독립을 하여 민족 단위로 나라를 세웁니다. 중국을 예로 들자면, 한족을 제외한 55개 소수 민족이 다 독립하여 민족마다 제 나라를 세울 것입니다.

그러면 새롭게 세워지는 나라의 인구는 얼마나 될까요? 상제님은 김경학 성도를 통해서 대개벽 후 건설되는 나라 별 인구에 대해 이렇게 밝혀 주셨습니다.

❀상제님께서 경학에게 물으시기를 "십 인 적_敵이면 왕이 되겠느냐?" 하시니 경학이 "적의 뜻을 모르겠습니다." 하거늘, 말씀하시기를 "일 적이 열 사람이니라." 하시니 경학이 아뢰기를 "십 인 적이면 왕이 되지 못하겠나이다." 하니라. … 상제님께서 "십만 인 적이면 어떠하냐?" 하시니 경학이 비로소 "십만 인 적이면 가하겠습니다." 하고 대답하거늘 상제님께서 글을 써서 불사르시니라. (7:56:1~6)

후천에는 적어도 백만 명 단위로 나라가 세워집니다. 이렇게 나라를 세운 각 민족은 원시반본의 섭리에 따라 각자 자기 문화의 고유성을 되찾아 발전시켜 나갑니다. 지구촌 전 인류가 상제님의 상생의 도를 바탕으로 통일 문화권 속에서 살아가면서도, 오히려 이제껏 볼 수 없었던 다양한 민족 문화를 꽃피우게 되는 것입니다.

| 우주 일가 문명 |

증산 상제님께서는 "이제 천하를 한집안으로 통일하나니 온 인류가 한 가족이 되느니라"(2:19:4~5)라고 하셨습니다. 이 말씀대로 상제님께서 인류를 구원하시는 가을 개벽의 최종 종착점은 우주 일가 문명입니다. 대우주가 한 집안 생활권이 됩니다.

이에 상제님께서는 한국어를 바탕으로 언어와 문자를 통일시키는 공사를 보셨습니다.

☙ 장차 천하 만방의 언어와 문자를 통일하고 인종의 차별을 없애리라. (2:19:6)

☙ 내가 아는 문자만으로도 능히 모든 사물을 기록할지니 앞으로는 쉽고 간단한 문자로 천하에 통용되도록 하리라. 장차 우리나라 말과 글을 세계 사람이 배워 가리라. (5:11:2~3)

왜 세상 사람들이 우리말과 글을 배워 가게 되는 것일까요? 그것은 개벽과 함께 한민족의 상제 문화를 중심으로 세계 통일 문화가 열리기 때문입니다. 각 민족은 한국의 말과 글뿐만 아니라 간방 한민족의 생활 풍습, 종교와 사상, 철학까지도 배워 갈 것입니다.

그런데 상제님께서는 우주 일가 문명을 건설하기 위하여 장차 온 천하를 한 집안, 한 나라로 묶어 다스리는 '세계 통일 정부'를 여는 공사도 행하셨습니다.

☙ 성도들에게 말씀하시기를 "이제 천하의 난국을 당

하여 장차 만세의 대도정사大道政事를 세우려면 황극신皇極神을 옮겨 와야 하리니 황극신은 청국 광서제에게 응기되어 있느니라.” 하시니라. … “이제 황극신의 길을 틔웠노라” 하시고 문득 “상씨름이 넘어간다!” 하고 외치시니 이 때 청국 광서제가 죽으니라. 이로써 세계 일가 통일 정권 공사를 행하시니라.

(5:325:2~3, 7~10)

황극신은 ‘천자신天子神’을 뜻하며, 천자란 천제[상제上帝]의 아들로서 상제님을 대행하여 온 인류를 다스리는 제왕을 말합니다. 오랜 동안 천자신은 조선을 떠나 중국의 황제에게 응기되어 있었습니다. 상제님께서는 원시로 반본하는 가을 개벽기를 맞아, 중국으로 옮겨져 있었던 천자신을 천자 문화의 원 뿌리 나라인 조선으로 되돌아오게 하셨습니다.

이제 간방 한반도 땅에 우주촌을 다스리는 세계 통일정부가 세워짐으로써 한국이 세계를 한마음, 한 가족 문화로 통일하는 중심 나라가 됩니다. 일찍이 삼신 상제님의 가르침[神敎]을 받아 문명을 태동시킨 한민족이 다시 후천 선경 세계를 개창하는 신문명의 뿌리 역할을 하는 것입니다.

4. 선경문화의 주인공, 신新인간

| 선仙 문화가 열린다 |

❋ 하루는 성도들이 태모님께 여쭈기를 "저희들은 얼마
나 오래 살 수 있습니까?" 하니 말씀하시기를 "후천
가면 너희들이 모두 선관이 되는데, 선관도 죽는다
데?" 하시니라. (11:299:1~2)

> 상제님 도의 종통을 계승하신 태모님께서 "후천에 가면
> 너희들이 모두 선관이 된다" 하시며, '가을 문화가 곧 선
> 仙 문화'임을 밝혀 주셨습니다.
>
> 그런데 여기서 말씀하신 선 문화는 선천 유불선의 선이
> 아닙니다. 이 선은 유불선 시대 이전에 존재했던, 인류의
> 뿌리 문화인 신교 시대의 선을 말합니다. 그때는 문명의
> 새벽이 밝아오던 때였지만, 당시 인류는 무병장수하며 신
> 선 문명을 누렸습니다. 태곳적 신성神聖 시대 선仙 문명이
> 우주의 가을철을 맞아 완성되어 열매를 맺는 것입니다.

상제님께서는 줄기 문화인 선천 유·불·선의 진액을 모
두 뽑아서 가을 새 우주의 조화 문명인 '후천 선仙' 문명
에 수렴을 시키셨습니다.

❀ 내가 유불선 기운을 쏙 뽑아서 선仙에 붙여 놓았느니
라. (4:8:9)

　흔히 세상에서 말하기를 '21세기는 생명 공학의 시대'
라 합니다. 지금 눈부시게 발전하고 있는 생명 공학이 지
향하는 문화도 한 글자로 압축하면 선仙이라 할 수 있습
니다. 하지만 유전 공학이나 생명 공학만으로는 선 문화
를 열 수가 없습니다. 왜냐하면 그것만으로는 생명 개벽
에 대한 궁극의 깨달음을 얻을 수 없기 때문입니다.

상제님께서 열어 주시는 선 문명은 앞에서도 언급했듯이, 선천의 유불선 문화뿐만 아니라 과학 문명의 진액을 모두 거두어 하나로 통합·성숙시킨 도술 문명입니다. **가을의 문명**은 이성적 사유를 뛰어넘어, 인간이 능히 자연의 이법과 신도의 성령에 통해서 자유자재로 창조와 변화를 짓는 조화권 문명입니다.

| 무병장수하는 신선으로 거듭난다 |

앞으로 궁극의 도술 문명이 열리면 인간의 몸과 마음은 어떻게 바뀔까요? 증산 상제님은 이 문제에 대해 실감나는 말씀을 내려 주셨습니다.

✽ 모든 백성의 쇠병사장을 물리쳐 **불로장생**으로 **무병장수**하여 영락을 누리게 하리니 너희들은 **환골탈태** 換骨奪胎되어 지금의 체형이 변화되어 **키와 몸집이 커지고 옥골풍채**玉骨風采가 되느니라. (7:4:4~5)

✽ 후천에는 **빠진 이도 살살 긁으면 다시 나느니라.**
(9:183:6)

후천에는 온 인류가 선의 새 생명으로 다시 태어납니다. 빠진 이가 다시 나고 굽은 허리가 펴져서 늙은이가 젊

은이로 거듭납니다. 여자는 몸 기운을 개벽해 주신 상제
님 공사에 의해 생리를 하지 않게 됩니다. 또한 남녀가
모두 고결한 풍채를 가진 선남선녀가 됩니다.

후천은 한마디로 무병장수의 세상입니다. 인간의 수명
이 자그마치 1,200살까지 늘어납
니다.

❀후천선경에는 수가 상등은
　1,200세요, 중등은 900세요,
　하등은 700세니라. (11:299:3)

질병과 노화에서 완전히 해방되는
장수 문화는 더 이상 꿈이 아닌 미래의 현실입니다.

| 조화 선경의 선체仙體가 되는 길, 선매숭자 도수 |

그런데 후천이 된다고 해서 인간이 저절로 '영원불멸하
는 생명체'인 선체仙體가 되는 것이 아닙니다. 인간 생명
이 개벽되어야 합니다. 생명을 개벽하는 길, 그것을 상제
님께서 선매숭자仙媒崇子 도수로 박아 놓으셨습니다.

'선매숭자'는 우리가 이 세상에 태어나 처음 듣는 말입
니다. '선매'의 '선'은 '신선 선' 자이고 '매'는 '매개할 매'

자입니다. '선매'란 '선천 인간이 후천 지상낙원의 신선이 될 수 있도록 해 주는 매개자'를 말합니다. 그리고 '숭자'는 '근본 씨앗, 첫 씨앗, 가장 큰 머리가 되는 씨앗'이라는 의미입니다. 따라서 (선매숭자)란 '선천 인간을 후천 선 문명의 불멸의 생명으로 매개해 주는 첫 인간 종자'라는 뜻입니다.

이 선매숭자 도수의 실현을 위해 상제님께서 데려다가 딸처럼 길러 영대를 틔워 주신 어린 소녀가 있었습니다. 김호연(1897~1992) 성도입니다.

❀ 선매숭자가 있어야 사느니라. 호연에게 선맥을 전하리라. (3:25:1)

호연이 아홉 살 되던 1905년 음력 9월 9일, 상제님께서 무명 두 필을 끊어 오라 하시어 친히 전주 흑석골에 있는 호연의 집 마당에 움막을 지어 주시고, 호연에게 수행 공부를 시키셨습니다. 호연으로 하여금 움막에서 먹고 자게 하시고, "똥오줌도 이 안에서 누어라"(3:146:5) 하시며 공부하는 동안 내내 움막을 떠나지 못하게 하셨습니다. 이듬해 정월 보름날까지 장장 125일 동안 집중 수행을 마친 후, 호연은 영성이 완전히 열려 신명의 말소리는 물론 새 소리도 알아듣고 애기 쥐와 엄마 쥐가 나누는 대화도 다 알아들었습니다. 천지신명이 와서 상제님께 절하는 것, 신장들이 말 타고 오가는 것도 다 보았습니다. 밝은 지혜의 눈으로 사물을 보는 신력神力을 얻은 것입니다.

호연이 보여 준 것처럼, 집중 수행을 통해 순수 감성의 문, 인간의 참마음을 온전히 여는 '마음 개벽'과 함께 영생하는 선체의 몸으로 거듭나는 '몸 개벽'을 이루는 것, 이것이 선매숭자 도수입니다. 선천 천지에서 태어난 인간은 누구나 선매숭자 도수를 통과한 후에야 비로소 후천 인간, 후천 생명이 될 수 있습니다.

| 후천 신인간이 되려면 |

몸과 마음이 완전히 개벽된 신인간이 되기 위해서는 지금의 생활 문화를 본질적으로 개혁하여야 합니다. 퇴폐 문화를 멀리하여 정기를 축장하고, 그 정기를 '내 몸의 하늘'인 머리로 끌어올리는 생활을 습관화해야 합니다. 본래 내 생명의 참 모습, 영원한 생명력을 회복하는 삶을 살아야 합니다.

그런데 세상 사람 가운데 90% 이상이 생명의 엑기스인 정精을 파괴하고 분열·고갈시키는 삶을 살고 있습니다. 퇴폐 문화, 쾌락 문화에 더럽혀져서 그렇습니다.

관능적인 영상이 한 번 머리에 박히면 잘 지워지지 않습니다. 죽을 때까지 괴롭습니다. 정기, 간단히 말해 정에 대한 관념이 투철해야 '정을 쏟아내는 문화, 정을 파괴하는 문화'의 유혹으로부터 해방될 수 있습니다.

정은 인간 생명을 지속시키는 동력원으로 신장의 수기 水氣입니다. 의학적으로는 인체의 정자, 난자, 골수, 호르몬 등이 곧 정입니다. 우주가 진화해 온 역사의 전 과정이 내 몸의 정에 맺혀 있습니다. 정은 천지 생명의 열매이자 핵입니다. 따라서 '내 몸의 정을 어떻게 잘 관리해서 대자연과 하나가 되느냐' 하는 것이 후천 신인간이 되는 핵심 관건입니다.

인간이 죽고 사는 것, 도통, 정신의 순수성, 이 세상 문제의 근본을 보는 눈 등, 그 모든 것이 정에 달려 있습니다.

무엇보다 인간의 최대 관심사인 건강 문제의 원초적 과제가 정을 관리하는 데에 있습니다. 정을 잘 지키고, 무지막지하게 몸이 부서지도록 과로만 하지 않는다면, 이 세상 질병의 80, 90%는 다 없어집니다.

그런데 후천 신인간이 되기 위해서는 정을 관리하는 것뿐만이 아니라 마음을 본질적으로 혁신하여 참마음을 가져야 합니다. 참마음이란 곧 '진리 의식으로 충만한 마음'입니다. 여기서 진리는 인류의 대통일 문명을 여는 가을 진리를 말합니다. 한마디로 상제님 진리 의식으로 충만해야만 후천 선경의 문턱을 넘어 지복至福을 누릴 수 있는 것입니다.

| 누구나 도통을 한다 |

앞 세상은 도통이 일반화된, 이른바 '도통 대중화'가 실현되는 도술 문명 시대입니다.

❋ '공자는 72인을 도통케 하고 석가모니는 500인을 도통케 하였다.' 하나 나는 차등은 있을지라도 백성

구도자Theologue 알렉스 그레이Alex Grey는 물질과 지성을 넘어선 영성과 초월의 세계를 그림으로 표현하려는 현대 신비주의 예술 분야의 거장이다. 그는 예술에 대해서 이렇게 정의한다. "모든 예술은 진리에 대한 미학적 표현이며, 궁극적으로 개성을 초월하여 신성에 도달하는 것을 꿈꾼다."
[출처: www.alexgrey.com]

까지 마음을 밝혀 주어 제 일은 제가 알게 하리라.

(7:82:1~2)

선천에는 평생 수도를 해도 도통을 이루지 못하는 사람이 대부분이었습니다. 그러나 후천에는 각기 닦은 근기와 공덕에 따라 비록 차등은 있지만, 온 인류가 도통을 합니다.

그리하여 모두가 선불仙佛, 즉 신선과 부처가 되어 선천 성자들보다 훨씬 더 높은 도통 경계와 품격을 갖춘 성숙한 인간으로 살아가게 됩니다. 시방세계十方世界의 모든 일에 통달하고, 시공의 벽을 넘어 우주를 자유자재로 왕래합니다.

❋ 후천에는 하늘이 나직하여 오르내림을 뜻대로 하고, 지혜가 열려 과거 현재 미래와 시방세계의 모든 일에 통달하느니라. (7:5:5)

어떻게 해서 인류가 이러한 도통을 이루는 것일까요?

상제님께서 "장차 도통은 건감간진손리곤태乾坎艮震巽離坤兌에 있느니라"(10:35:1)고 하셨습니다. 인간이 도통을 하여 지혜로운 인간으로 살아가는 길이 팔괘에 담긴 대자연의 변화 원리에 관통하는 데에 있다는 말씀입니다.

그런데 이법理法은 만물 조화의 원동력인 '신도神道'와 음양 짝을 이루기 때문에, 반드시 신도에도 통해야 합니다. 그렇게 해야 비로소 '만사지'를 성취하고 '조화권'을 자유자재로 쓸 수 있는 궁극의 도통을 이루게 되는 것입니다.

상제님의 도통 등급은 무엇보다 가을 개벽기에 사람을 살린 공덕에 따라 정해집니다. 사람을 많이 살리면 살릴수록 상생의 보은 줄이 많이 열리고, 그 은혜의 정도에 따라 도격이 정해지며 조화 성신을 쓰는 조화권도 달리 주어집니다.

| 남녀 동권 시대가 열린다 |

지난 선천 역사를 돌아보면 동서를 막론하고 많은 여성 운동가들이 여성의 지위 향상과 남녀평등을 실현하기 위해 온갖 노력을 기울여 왔습니다. 하지만 억음존양 세상인 선천에는 아무리 사회 제도를 뜯어고친다 하더라도, 진정한 남녀평등이 이루어질 수 없습니다. 무엇보다 먼저 만물을 생성하는 근본 바탕인 천지 질서가 정음정양의 구조로 바뀌어야 하기 때문입니다.

이제 후천개벽이 되면 지축이 이동되어 천지 질서가 정음정양으로 바로잡힙니다. 낮과 밤의 길이가 12시간씩으로 같아집니다. 이렇게 음양동덕陰陽同德하는 자연 질서 속에서 인간의 문명사회 역시 남녀동권의 새 시대가 열립니다.

❋ 정음정양으로 건곤乾坤을 짓게 하리니 이 뒤로는 예법을 다시 꾸며 여자의 말을 듣지 않고는 함부로 남자의 권리를 행치 못하게 하리라. (4:59:2~3)

❋ 남녀동권 시대가 되게 하리라. … 앞세상에는 남녀가 모두 대장부大丈夫요, 대장부大丈婦이니라. (2:53:2~4)

이 말씀처럼 후천은 여자가 앞서 가지도 않고 남자가 앞서 가지도 않는, 남녀가 서로 조화를 이루는 세상입니다.

아버지 하나님이신 상제님께서는 가을의 정음정양 문화를 역사 속에 실현하시기 위해 어머니 하나님이신 태모 고수부님께 종통 대권을 전하셨습니다. 상제님과 수부님의 합덕合德은 신천지 정음정양 문화의 뿌리가 됩니다.

후천에는 천지 질서가 정음정양으로 바로 잡힘에 따라 인간 사회도 비로소 남녀동권의 세상이 된다.

2

하늘땅과 인간이 함께 이루는 천지성공

1. 인간 삶의 목적

"과연 인간이란 무엇인가? 인간 삶의 목적이 무엇인가?"

삶에 대한 가장 본질적인 이 물음에 대한 해답은 바로 지금까지 이야기해 온 '가을개벽'에 들어 있습니다. 선천 봄개벽으로 태어난 **인류는** 수천, 수만 년 동안 **오직 가을개벽을 위해 살아 왔습니다.** 우리가 알든 모르든, 그에 대해 관심이 있든 없든, **이 우주는 오직 가을개벽이라는 목적성을 갖고 변화합니다.** 때문에 미국 땅에 살든, 시베리아 벌판에 살든, 남극권에 살든, 아프리카, 유럽, 중동, 아시아 그 어디에서 살든지, 인간은 가을개벽을 위해 살아온 것입니다.

더 구체적으로 말하면 인간 삶의 궁극 목적은 누구도 예외 없이 이 가을 개벽기에 참 진리를 만나, '나는 무엇을 위해 존재하는가?' 하는 물음에 대한 해답을 찾고 그 뜻을 이루는 것입니다. 그렇지 않으면 진정한 인간으로 사는 것이 아니라 한낱 짐승 같은 삶을 살 뿐입니다. 어떤 인생을 살든지, 궁극적으로 인간은 진리를 만나야 합니다.

가을 개벽기에 인간이 만나야 할 참 진리는 바로 '천지의 원 주인'이신 증산 상제님의 도, 무극대도無極大道입니다. 무극대도는 '가을 새 우주를 여는 대도'입니다. 무극이라는 말이 암시하듯이, 이 도의 정신은 조화와 통일입니다. 오직 무극대도만이 지구촌, 나아가 온 우주를 하나의 보편 문화로 통일하여 우주의 가을 시대를 열어 줍니다. 그러므로 상제님의 무극대도야말로 개벽기에 인류가 만나야 할 참 진리요, 궁극의 진리인 것입니다.

그러면 상제님의 무극대도를 만난 인생은 그 이전의 인생과 무엇이 다를까요?

상제님의 도를 받고 나면 천지 일꾼이 됩니다. 그 전까지는 한 집안이나 기업, 한 나라의 일꾼일 뿐이었지만, 상제님의 도생이 되면 이 하늘과 땅, 온 우주에서 쓰임을 받는 일꾼이 됩니다. 곧 선천 인간 역사를 끝마무리 짓는 일꾼으로서 가을개벽을 극복하고 지구촌 형제들을 의통 성업으로 살려 내어 후천 5만 년 지상선경을 건설하는 주인공이 되는 것입니다.

대우주의 조화주 하나님, 상제님의 대역자代役者로서 삶을 사는 것이니 인간으로서 이 얼마나 영광스러운 일이겠습니까?

2. 천지의 꿈을 실현하는 일꾼

| 진정한 '태일太一' |

그러면 상제님의 대역자로서 천지 일을 하려면 어떤 일꾼이 되어야 하는 것일까요?

한민족의 뿌리 문화인 **신교에서는** 하늘과 땅과 인간을 천일天一, 지일地一, 태일太一이라 하였습니다. 하늘이 생겨난 자리나, 땅이 생겨난 자리나, 인간이 생겨난 자리나 그 근원은 동일합니다. 그래서 한 '일一' 자를 붙여 천일, 지일, 태일이라 하는 것입니다.

그 하나의 근원이 바로 대우주의 조화 성신이신 삼신三神*입니다. 하늘과 땅과 인간의 생명 속에 조물주이신 삼

---

* **중국까지 전파된 삼신 신앙.** 지금부터 3천 년 전에 강태공이 산동성 제나라의 왕이 되어, 동방 한민족의 삼신 신앙을 서방 중국 땅에 전파하였다. 그 후 중국 민족의 삼신 신앙은 계속 이어져, 한나라 무제도 태일단을 쌓고서 태일신에게 제사를 올렸다. 사마천의 『사기』 「봉선서」에 그 기록이 있다.

신 하나님의 생명과 신성이 그대로 똑같이 들어 있습니다. 하늘도 하나님이요, 땅도 하나님이요, 인간도 하나님입니다. 이것을 천지의 이치로 깨닫고 믿으면 그 기운이 그대로 발동을 합니다.

여기서 인간은 왜 인일人—이라 하지 않고 태일이라 하였을까요?

인간은 천지의 열매로서 천지의 이상을 성취하는 주역입니다. 그래서 '하늘땅보다 더 존귀하고 큰 존재'라는 뜻을 담아서 태일이라고 한 것입니다.

그런데 인간이 천지보다 더 크고 소중한 존재이기는 하지만, 진정한 태일이 되려면 천지의 조화 생명 즉 성령을 받아 내려 자기 안에 내주內住한 신성을 온전히 다 발현시켜야 합니다. 그 길이 바로 우주의 조화 생명수인 태극수太極水의 기운을 내 몸 속에 축적시키는 태을주 수행에 있습니다.

태을주를 읽어서 신성이 깨어나 '밝은 지혜의 인간'인 태일이 되었을 때, 비로소 진리에 대한 근본적인 깨달음을 체득하고 상제님 개벽 사업에 참여하여 크고 작은 모든 일을 이루는 성숙한 일꾼이 될 수 있습니다. 이 일꾼이 인간 씨종자를 추리는 하늘의 뜻, 땅의 뜻을 성취하고, 후천 선경 건설이라는 꿈도 실현하는 것입니다.

| 모든 것을 이루는 비결, 성경신 |

역사상 가장 보람 있고 위대한 일을 할 수 있는 태일의 자리에 선 천지 일꾼이 그 모든 것을 이룰 수 있는 비결이 있다면, 그것은 무엇일까요?

한마디로 **성경신誠敬信**입니다. 정성의 다른 말이 일심一心이고, 일심의 다른 말이 **성경신**입니다.

성誠은 끊임없이 참된 마음을 가지려고 하는 것입니다. 근본 신앙을 놓지 않고, 꾸준히 신앙의 맥을 이어가는 것입니다. 정성은 시작과 끝이 순수함으로 일관된 것입니다. 조금 하다가 중단한다면, 그것은 정성이 아닙니다.

경敬 이것은 집중하는 것입니다. 주자가 그것을 '주일무적主一無適'이라 했습니다. **성성하게 깨어서 잡념을 갖지 않고 집중하는 것**을 말합니다. 경은 또한 겸손입니다. 자신을 낮춤으로써 상대를 높이는 것입니다.

신信은 '하나 됨'입니다. 믿는다, 신앙한다 할 때 그것은 신앙의 대상과 내가 일체가 된다는 것입니다. '천지 부모와 하나가 된다', '상제님과 태모님의 도와 하나가 된다', '진리와 하나가 된다'는 것을 의미합니다.

성과 경과 신은 궁극으로는 하나입니다. 정성이 지극하면 극진한 공경심이 생기고, 경이 지극하면 지극한 정성을 갖게 되어 믿음에 이르고, 믿음이 아주 지극하면 정성과 공경이 뛰어나게 됩니다. 성경신은 각기 분리하여 생각할 수가 없는 것입니다.

모든 것이 성경신만 있으면 다 이루어집니다. 무슨 일을 하든지 정성을 다해야 일이 됩니다. 제아무리 재주가 많고 머리가 좋다 해도, 정성스럽고 부지런한 사람은 당해 낼 수가 없습니다. 오직 성경신 즉 일심이라야 일을 이룹니다.

> ✿ 너희는 매사에 일심하라. 일심하면 안 되는 일이 없느니라. 일심으로 믿는 자라야 새 생명을 얻으리라.
> (8:57:1~3)
>
> ✿ 일심이면 천하를 도모하느니라. (5:414:5)
>
> ✿ 이제 모든 일에 성공이 없는 것은 일심 가진 자가 없는 연고라. (8:52:1)

참으로 금과옥조가 되는 말씀입니다. '일심으로 믿는 자라야 새 생명을 얻는다'는 말씀 그대로, 상제님의 도를 닦아 일꾼으로서 모든 것을 이루고 후천 새 생명을 얻으려면 일심으로 닦아야 합니다.

그리고 무슨 일을 하든지 '하면 된다'고 생각해야지 안 된다는 생각을 하면 부정적인 기운이 따라 붙어서 일이 깨지고 맙니다.

✸무슨 일을 대하든지 일심 못함을 한할 것이요 못 되리라는 생각은 품지 말라. (8:52:2~3)

이 말씀처럼 '나는 할 수 있다'는 확신을 갖고 일심으로 일에 임해야 천지 기운을 끌어다 쓸 수 있습니다.

3. 상극이 낳은 어둠의 세력, 마신魔神을 극복해야

그런데 천지의 꿈과 이상을 이루고자 하는 일꾼의 앞길을 방해하는 어둠의 세력이 있습니다. 그것은 4장에서도 잠깐 언급했던, 선천 상극의 이치에 의해 생겨난 척신과 복마, 한마디로 마신魔神입니다.

부정적인 생각이 드는 것, 자신감 결여, 인간관계가 파괴되는 것, 이 모두가 마신의 손길 때문입니다. 우리가 사물을 있는 그대로 보지 못하는 것도, 이루고자 하는 일이 막판에 뒤집히는 것도, 천지 일꾼인 태일의 인간이 되지 못하게 하는 것도 바로 마신의 작용입니다.

선천 역사에서 악의 세력이 당당히 위세를 떨칠 수 있었던 것도 상극 질서를 업고서 작용하는 마신 때문이었습니다. 그래서 바르게 살려는 참마음을 가진 자들이 성공하지 못하고 오히려 남을 해코지하고 억누르는 자들이 부귀영화를 누리는 모순이 생겨났습니다. 결국 마신 때문에 선천 봄여름 세상에서는 인간이 꿈과 정의를 제대로 성취하고 세울 수 없는 것입니다.

따라서 선천 세상에서 성공을 거두기 위해서는 자기 계발을 통해 지혜와 경험을 쌓고 지적 탐구를 하는 것도 중요하지만, 우리 삶을 파괴하기 위해 호시탐탐 노리고 있는 검은 세력, 마신을 제어하는 영적 능력을 갖추는 것이 무엇보다 중요합니다.

아무리 착하게 살고 진리에 대한 깨달음을 얻었다 할지라도, '하늘·땅·인간 삼계를 통틀어 가장 큰 죽음의 세력으로 작용하면서 우리 인생을 파멸로 이끄는 존재'인 마신을 꺾지 못하면 한순간에 다 무너질 수 있습니다.

그래서 상제님께서는 개벽기에 구원의 성약으로 내려 주

신 태을주太乙呪와 함께, 삿된 기운을 제어하고 복마와 척신 발동을 막아주는 주문인 운장주雲長呪를 내려 주셨습니다. 운장주를 많이 읽으면 의로움으로 충만하여 모든 나쁜 기운을 물리칠 수 있습니다.

특히 **태을주를 정성껏 많이 읽으면** 천지의 조화 성령을 **받아** 천지와 같은 밝은 지혜의 경계에서 척신과 마신이 오는 것을 미리 다 알 수 있습니다. 그러니 태을주와 운장주를 숨 쉬듯 읽어야 합니다. 잠자리에 들어서도 마음으로 잔잔하게 읽어야 합니다.

그런데 마신을 물리치는 영적 대전쟁에서 수행을 통해 영적 능력을 얻는 것 못지않게 꼭 필요한 요소가 있습니다. 바로 일심의 힘입니다.

☀ 복마를 물리치는 것이 다른 데 있지 않고 일심을 잘 갖는 데 있나니, 일심만 가지면 항마降魔가 저절로 되느니라. (8:52:5)

아무리 척신 난동이 심하고, 복마가 드세어도 일심이면 다 이겨낼 수 있습니다. 조상에서 사람을 많이 죽이고 큰 죄를 지어 척신이 내 앞길을 막아도 '나는 천지 일심으로 상제님과 태모님의 도를 닦고 인류를 건지는 천지 대

業에 힘을 보태서 반드시 조상의 죄악을 탕감 받고 조상과 함께 구원 받겠다' 하는 마음을 가지면, 그 일심에 의해 척신도 결국은 굴복을 합니다. 그러니 나의 일심, 사무치는 정성이 진실로 중요한 것입니다.

4. 지금은 천지에서 사람을 크게 쓰는 때

선천 봄여름에는 인간보다 하늘땅의 역할이 컸습니다. 그러나 가을철에는 인간이 천지의 이상을 완성하는 주체이기 때문에 인간의 역할이 가장 큽니다.

따라서 우리는 단순히 역사의 대세, 역사의 변혁의 물결에 휩쓸려가는 피동적이고 소극적인 삶을 살아서는 안 됩니다. 능동적이며 적극적으로 미래를 계획하고 건설하는 역사의 주인으로 살아야 합니다.

상제님께서는 가을개벽을 맞이한 지구촌 인류에게 이렇게 경계하셨습니다.

천지생인   용인
天地生人하여 用人하나니
불참어천지용인지시   하가왈인생호
不參於天地用人之時면 何可曰人生乎아.

천지가 사람을 낳아 사람을 쓰나니 천지에서 사람

을 쓰는 이때에 참예하지 못하면 어찌 그것을 인
생이라 할 수 있겠느냐! (2:23:3)

'천지에서 사람을 길러 정말로 크게 쓰려고 하는 이때
에 천지 사업에 참여하지 않는다면 너는 이미 참 인간으
로서 살아가는 것이 아니다, **너는 인간 삶의 뜻을 성취하
는 정도**正道**에서 완전히 벗어났다**'는 말씀입니다.

천지에서 사람을 길러 가장 크게 쓰는 때는 우주 1년,
12만9천6백 년에서 '가을의 추수기'인 '오직 이때뿐'입
니다. 하늘땅이 선천 5만 년 동안 인간을 낳아 길러 온 목
적은 가을 개벽기에 인간 생명을 추수하고 가을 문명을
건설하는 천지일꾼으로 쓰기 위해서입니다.

상제님이 새 우주를 열어 주시기만 한다고 해서 천지의
꿈과 이상이 저절로 성취되는 것이 아닙니다. **인간이 일
꾼으로 참여하여 천지 부모가 바라는 이상 세계를 직접
건설해야 하는 것**입니다.

그렇게 해서 지상 선경을 세운 후에는 전 인류가 우주
에서 가장 살기 좋은 낙원으로 거듭난 10천 지구에서 만
복을 누리며 무병장수하는 신선으로 살아갑니다. 이것이
인생 성공의 총 결론이자 천지성공의 최종 귀착지입니
다.

증산 상제님은 가을 개벽기를 맞아 천지성공을 향해 나아가고 있는 하늘과 땅과 인간에게 이렇게 외치고 계십니다.

천갱생 지갱생 인갱생 갱생 갱생 갱생
☞ 天更生 地更生 人更生 更生 更生 更生 (9:185:4)

하늘이 다시 태어나고

땅이 다시 태어나고

인간이 다시 태어난다.

다시 태어나라

다시 태어나라

다시 태어날지라!

천지성공을 축원함

하늘과 땅이 낳은
만물 중에 가장 소중한 그대!
상극의 원과 한이 메아리치는
저 깊은 선천의 어둠을 거두고
온 인류의 꿈, 지상 선경을 열어 주시는
천지 부모의 큰 은혜에 보은하라!

생명의 주인이신
상제님의 가을 진리 속에서
참사람으로 거듭나
상생의 도심道心을 활활 불태우라.
무너지지 않는
천지성공의 큰 열매를 맺을지라!

선천 종교와 정치 · 경제 · 역사 등 동서문화의 전영역을 두루 수용하고
후천 5만년 통일문화의 놀라운 비전을 제시하는

道典

※

지구촌에서
상제님 진리를 찾는 분들에게

증산도대학교. 다가오는 가을 대개벽기에 인류를 구원하고 후천 선경을 건설하는 인재를 양육하는 상제님의 대학교. 증산도 방송국 'STB상생방송' 과 '인터넷 도장' 을 통해서 지구촌 어느 곳에서나 증산 상제님의 가을 진리를 공부할 수 있다.

국내외 증산도 도장을 방문하면 언제든지 참 진리를 공부하고 태을주 수도법을 전수 받을 수 있다.

증산도 인터넷 도장www.jsd.or.kr을 통해서도 안운산 태상종도사님과 안경전 종도사님의 대도 말씀을 만날 수 있고, 입도入道 안내를 받을 수 있다.

- 증산도 본부도장 상담전화 1577-1691
- 증산도 인터넷도장 www.jsd.or.kr
- 증산도 방송국 STB상생방송 www.stb.co.kr